JN410091

함께, 울컥

J.H CLASSIC 089

함께, 울컥

'남과 다른 시 쓰기' 동인
이서빈 외

지혜

머릿말

여기 열다섯 명의 시인이
앓고 있는 지구의
말을 번역했다.

지구의 신음을 찍어 한 자 한 자 시를 엮었다.

지구는 한 번도 인간을 헤친 적 없고
인간은 한 번도 지구를 떠나서 산 적 없다.

동물의 숨소리 식물의 숨소리가
봄을 뚫고 튀어나와
싱싱해 지는 그날까지
우리는
생태계를 새파랗게 키워낼 것이다.

2022년 가을
이서빈

차례

2부

김정오

장정희

정구민

최이근

3부

4부

글빛나

김일순

이 옥

안태희

• 일러두기
페이지의 첫줄이 연과 연 사이의 띄어쓰기 줄에 해당할 경우 > 로 표시합니다.

1부

함께, 울컥 외 2편

이 서 빈

함께라는 말에는 따뜻한 체온이 숨 쉬지
자음모음의 합계는 자음모음이지만
자음모음의 함께는 어떤 글자도 다 만들 수 있지

함께는 숨결이고 물이고 햇빛이지
함께라는 이 짧은 음절은 울컥이란 神이 사는 신전이지

세평 구둣방서 21년 동안 구두 5천 켤레 고치고 닦아 평생 번 3만3천 평 땅
코로나로 힘든 이웃위해 써달라고 기부한 울컥씨
4년간 모은 10원 5백 원짜리 코 묻은 저금통 기탁하면서 도움 주고 싶다는 7살 최울컥
어려운데 써 달라고 1백원 5백원짜리 전달한 취약계층 울컥 독거노인
행정복지센터 찾아와 1백만원 내놓으며 이름 밝히지 않은 무명울컥
꼭 필요한 곳에 쓰이길 바란다며 곰팡이 핀 지폐를 내 놓은 폐지 줍는 굽은등울컥
바자회 열어 수익금 1백 59만원 전한 울컥고등학생
개인 병원 문 닫고 코로나 치료 위해 대구로 달려가는 울컥의

료진

이 위기 잘 넘기자고 각 체인점에 힘 한가마니씩 지원해 주는 프렌차이즈 울컥사장

임대료 면제해 주는 울컥주

위험 무릅쓰고 밤낮 코로나 환자들 돌보는 울컥의사 울컥간호사

함께 울컥, 눈물을 제조해

가나다라마바사

가나다라마바사

슬픔 찢고 나온 푸른휘파람

울컥나라 국기에 울컥울컥 희망을 펄럭이고 있네

지렁이 하혈하는 밤

여보게
지렁이 흐느끼는 소리 들리지 않는가

죽은 지렁이 혼 땅에 내려앉지 못하고
산허리 강발치 자욱한 안개로 떠돌고 있네

세상 불 켜지고 꺼지는 일, 모두 지렁이 환영幻影일세

징그러운 몸뚱이라 희롱하지 말게
죽은 영혼에 쌀 한 숟가락 넣어주듯
종種 영혼 한 톨 부활위해
밝을 숨기고 흰배로 중력을 걷어내며
꿈ㅅ틀ㅅ꿈ㅅ틀, 제 안의 온도 이식하는 것 좀 보게

누가 자신의 몸 저 지렁이인 줄 알겠는가

살충제 먹은 지렁이 하혈소리 지구를 적시고
속이 타 땅위로 올라오다 땡볕에 녹아
여기저기 시체 끌고 가는 불개미 운구 행렬 보이지 않는가
마당 한 쪽 흙,흑흑 바싹 말라 푸석한 지렁이 눈물소리

그건 세상에 위험이 급물살로 달려오고 있다 위급 알리는 통곡일세

만물의 영장 인간 파릇파릇 숲
모든 생명체는 우리가 살아보지 못한 모퉁이 안쪽에서
지렁이가 종야終夜 토해낸 눈물 한 점일 뿐이란 걸
자네는 아는가!

어쩌다, 라쿤

검은고요 엎드린 밤, 밀렵꾼 놓은 덫에 걸렸네
쇠스랑달빛 철컥, 철창속 함께 갇혔네

불안 두려움 고립된 순간
라쿤이 달빛에게
어쩌다 이 철창문 들어와 갇혔냐고 창백한 부정문 던지고
어쩌다 이 철창문 열고 들어와 따라 들어왔다는 세기말같은 해끗한 대답

달빛은 말랑말랑한 혁명 일으켜
희멀거니 하늘기슭 얼어붙었네
라쿤 손 내밀지만 밤새 살 내려 앙크란 달 낯설고 모호한 표정

공포에서 탈출 염원 지구 폭발할 지경 다다를 때 쯤
영원 탈출시켜 줄 덫 주인이 나타났네
주인 30초 지나면 신경계 멈춘다고 총부리 겨누네
라쿤 온 힘 다해 두 손으로 저항하네
철창 사이로 손 내밀어 자신 겨누고 있는 총구
밀고 밀고 또 밀며 필사적으로 저항하네
탕!

잔인한 탄알 라쿤 숨 앗아가네
30초!
최악의 발버둥 목숨 구걸해 보지만 그건 너무 긴 사투네
뇌가 멈추기까지 최악의 몸부림은 최후의 몸부림 되었네

몸 버린 넋 영원 탈출하고
몸뚱이 거꾸로 공중 매달리네
시퍼런 면도날 몸과 껍질 분리당하고
분리당한 껍질 살점과 지방 피 흐르도록 칼로 긁히네
고통은 죽었다네
가혹하게 쓸쓸한,
껍질 와이어에 끼워져 3~4일 말려지네
벌레 물린 흉터 고스란히 박제되네
좋은 품질의 가죽 흰색을 띤다며
와이어 끼인 털 벗기며 허연 이 드러내고 웃는 밀렵꾼
혼들은 모음자음 자음모음 울고 털들은 고요히 잠 씻었다네
또 어느 유령의 문장속으로 흘러들어 날마다 피 철철 흘려야 할지
야생동물 밀렵한다는 다큐 흡혈귀처럼 떠오르고
다큐에서 흘러나온 야생울음 잠의 머리채 잡고 흔드는 밤

시감상 | 황윤현

Individualism이 팽배한 세상이다. 현대 사회의 여러 가지 문제점들을 얘기할 때 빠지지 않고 거론되는 것이 '공동체 원형 의식의 상실'이 불러온 병폐인데, 날이 갈수록 사회가 각박해지는 것은 닭과 달걀의 관계와 같은 Individualism과 공동체 의식의 상호 관계 때문인지도 모른다.

사전적 정의를 찾아보면, '함께'는 '한꺼번에 같이, 또는 서로 더불어'의 의미를 갖는다.

'홀로'의 상대 개념이다. '울컥'은 '격한 감정이 갑자기 일어나는 모양'이다.

이서빈 시인은 이 짧은 음절의 두 단어를 조합하여 생기를 잃어가는 이 사회에 희망의 메시지를 던지고자 한다.

남극의 황제펭귄은 블리자드의 칼바람을 함께 뭉침으로써 버텨낸다.

공동체 의식을 상실하여 차가운 극지가 된 이 사회에 코로나라는 블리자드가 불어닥치자 펭귄처럼 함께 뭉쳐 이겨내자고 강변하고 있는 것이다.

그녀는 남녀노소를 가리지 않는 이 사회의 울컥유발자들을 묘사하는데 일체의 미사여구를 동원하지 않는다. 투박스러울 정도로 담백하다.

'울컥'은 따스함과는 그리 가깝지 않은 부사이다.

'울컥 눈물이 솟구쳤다.' 또는 '울컥 화가 치밀었다'는 식으로 차라리 시리고 차가운 뉘앙스다. 그녀는 거기에 '함께'를 더해 이 사회를 따뜻하게 데우는 '울컥'이라는 신전을 지었다. 울컥유발자들은 그 신전을 이루는 열주들이다. 그것도 장식이 필요치 않은 굳건한 도리아식 열주들이다.

자음과 모음이 합쳐져 만들어내는 말들은 쓰는 사람에 따라 체온을 달리한다.

사실 인간의 언어는 자기중심적이고 폭력적이다. 하지만 그녀는 시라는 도구를 통해 끊임없이 그걸 지워내려고 노력한다. 나아가 아름답고 순화된 것으로 다듬어가고 있는 것이다. 따뜻한 체온을 부여하고 싶은 것이다.

'함께, 울컥'에는 시적인 수사도 그럴싸한 관형어구도 필요 없다.

'함께, 울컥'하자는데 무슨 말이 더 필요할까.

무엇이든 깊으면 단순해진다고 했던가?

언어에 대한 그녀의 깊은 이해가 단순한 감동으로 다가와 가슴을 '울컥'하게 만든다.

'함께는 숨결이고 물이고 햇빛이지

함께라는 이 짧은 음절은 울컥이란 神이 사는 신전이지'

공동체 원형 의식이 사라진 도시적 삶 속에서 두고두고 간직하고 싶은, 되뇌는 것만으로도 가슴이 따뜻해지는 이서빈다운 구절이다.

이서빈 시인의 시는 한 마디로 어렵다.

깊이 읽어내야 그 속마음을 들여다볼 수 있다.

이서빈 시인의 시는 단순하다. 깊이 읽지 않아도 메시지가 쉽게 전달된다.

이 두 가지의 상반된 견해는 시인과 일반 독자의 눈이라고 보아도 좋을 것이다.

그녀는 어떻게 이 두 가지 측면을 다 아우를 수 있는 것일까?

이 시에서 드러나듯이 그녀는 약한 것에 대한 연민으로 따스한 체온을 일군다. 시 「달빛 경전」에서 그녀는 '뱀들의 거짓말이 구불구불 휘파람 소리에 공갈처럼 부풀어 오른'(함께, 울컥. p38~39)다는 묘사로 같은 꿈틀거림에 대해 정반대의 심상을 보인다. '여리고 미미한 것에 대한 연민과 동조'야 말로 그녀의 시를 지탱하는 근원적인 힘이 되고 있는 것이다. 또한 전술한 의문에 대한 해답이기도 하다.

이서빈 시인의 시 세계를 논함에 있어서 빼놓을 수 없는 것 중의 하나가 '달'이라는 존재이다. 감히 불멸이라 말하고 싶은 한정판의 첫 시집 이름이『달의 이동 경로』이다. 시제만으로도 '달의 이동 경로, 달이 네 개, 달비누, 달의 이력서, 달의 여자'가 채택되었다. 밤과 어둠을 다룬 시들이 상당하니 아마도 달의 등장은 더 많을 것이다. 상대적으로 해와 밝음은 그다지 많이 등장하지 않는다.

달빛은 여리고 미미하다. 선명한 그늘의 경계를 만들지 않는다. 태양과 지구의 관계에 따라 그 정체성이 변화하여 자기를 주장하지 못한다.

약한 것에 대한 연민은 따스한 체온을 일구는 근원을 제공하기도 하고, 그것이 승화하여 하나의 지향점을 만들어내기에 이른다. 시 「달비누」에서 '어린 날 달을 향해 비비던 손. 지금 생각해보면 가장 깨끗한 흰 손이다' 라는 진술에 주목할 필요가 있다.(달의 이동 경로, p106~107)

그녀의 시 세계에서 달이 해에 대해 압도적 우위를 차지하는 이유이기도 하다.

이 시에서도 역시 '소금사막 길, 어쩌다, 라쿤' 등의 시편을 통해 보여준 '지구 환경의 위기에 대한 경고와 각성의 촉구'라는 시대적 사명에 대해 투철한 작가 정신으로 임하고 있다. 하물며 이번에는 지렁이라는 가장 상징적인 미물의 몸을 빌려 너희들은 아느냐!고 따지고 있다.

눈이 번쩍 뜨일 만큼 재밌는 부분은
'종種 영혼 한 톨 부활위해
밖을 숨기고 흰배로 중력을 걷어내며
꿈ㅿ틀ㅿ꿈ㅿ틀, 제 안의 온도 이식하는 것 좀 보게'
바로 이 구절이다.

미물에 거대 담론을 부속시키려다 보니 어쩔 수 없이 관념이 끼어들게 된다.

그 한계점에서 그녀는 창의적이고 적극적인 형상화를 통해 관념의 거부감을 희석하고 있는 것이다. 이 지점에서 그 당돌하고 도전적 자세에 절로 웃음이 나온다.

물론 수긍과 감탄의 웃음이다. 유쾌하다.

이처럼 이서빈 시인은 미물을 통해 거대 담론을 풀어냄으로써 독자의 거부감을 해소시키고 또한 지구 공동체 안에서 인간도 지렁이와 다름없는 미물임을 각성시키고 있다.

여리고 미미한 것에 대한 연민과 투철한 시대정신이 조화를 이루어낸 의미 깊은 시편이다.

'만물의 영장 인간 파릇파릇 숲

모든 생명체는 우리가 살아보지 못한 모퉁이 안쪽에서

지렁이가 밤새도록 토해낸 눈물 한 점일 뿐이란' 걸 우리는 알아야만 한다.

이서빈 시인의 시집을 읽다 보면 일관성 있게 제기되는 반문명적 가치관을 접하게 된다. 그것은 인류 역사에 대한 중후한 통찰력을 기반으로 하는 것이기에, 시를 깊이 있게 읽어내려면 별도의 공부가 필요할 정도로 심오하기도 하다.

그녀의 시집 『달의 이동 경로』와 『함께, 울컥』을 읽어보면 한 가지 재미있는 사실을 발견하게 된다. 두 시집 모두에 「소금 사막 길」이라는 시편이 수록되어 있다는 점이다.(『달의 이동 경로』, p31~32, 『함께 울컥』, p96~97)

변한 건 없다. 시제 '소금사막길'이 '소금사막 길'로 변했을 뿐. 마침표가 사라졌다든지 조사 하나가 생겼다든지 붙여놓은 문장 하나를 띄어쓰기했든지, 한 행을 둘로 나눈 일들은 별 의미가 없다. 아주 사소하다. 그런데 왜 그녀는 이 시를 다시 실었을까? 아마도 한 행을 두 행으로 바꾼 결구,

'지구 공 소금사막 길

혹 속에 남은 연료량은 아무도 알지 못한다.'

여기에 그 의미가 있지 않을까 생각해 본다.

한 시대적 위협이 노동 시를 필요로 했고, 시대는 변화했다.

이제 새로운 시대적 위협이 시인의 각성을 요구하고 있다.

그것은 지구환경에 대한 경고다. 지금의 지구는 인간 중심으로 흘러가고 있다.

아니, 파괴되고 있다. 언어부터 인간 중심적이고 파괴적이다.

'raccoon'을 검색해 보자. 먹을 것을 씻어 먹는 습성을 가진 우리의 너구리 닮은 동물로, 귀여운 용모와 독특한 습성으로 애완용으로 길러지는 아메리카대륙 원산의 동물이다. 그런데 '유해조수'라는 말이 눈에 띈다. 인간 생활에 피해를 주는 새와 짐승이란 뜻인데, 왜 우리는 모든 것을 인간 중심으로 판단하려 하는가?

그들의 개체수를 조절해 주는 천적을 말살한 것도 우리 인간 아닌가? 지구와 우주 중심의 언어가 있다면 인간이야말로 유해조수 아닐까?

이 시는 여러 함의로 읽힐 수도 있겠지만, 라쿤의 잔혹한 최후를 통해 지구 환경에 대한 문명의 횡포를 고발하고 있다는 점은 분명하다.

또한 라쿤의 비참한 운명은 곧 우리의 운명과 다를 바 없다는 섬뜩한 경고를 담고 있는 것이다.

외래어나 한자어와의 유의어 경쟁을 이겨내지 못하고 죽어가는 우리말을 살려내는 일은 이 시대가 시인에게 요구하는 또 하나의 사명이다.

'해끗한, 앙크란' 이 얼마나 아름다운 우리말인가? 특히 앙크란과 같이 산뜻한 어감의 방언을 발굴해 내는 일은 유의미하다.

애초부터 방언과 표준어가 구분된 것은 아닐 것이다. 많이 쓰이고 즐겁게 쓰인다면 그것이 표준말 아닐까?

가슴을 묵직하게 짓누르는 시를 읽고도 가슴에 상큼한 여운 한 가닥을 간직하는 이유이기도 하다.

속도의 집 외 2편

이 진 진

사방 경계를 긋고 서 있는 기둥
속도를 질주하던 생 차곡차곡 사각틀에 갇힌다
매연
뿜뿜 종횡무진 자유를 날아다닐 때
과속 스캔들 안전거리 미확보 꼬리물기
위법이 깔린 도로
어디에도 속도를 잡아둘 곳이 보이지 않는다
도시에 누에집처럼 속도의 집을 짓다 숲으로 향한다
나무들 눈물로 호소해도
인간은 무자비로 폭증하는 속도로
시퍼런 나무들 목숨 잘라냈다
살육의 현장
나무에 깃들던 새들
또 어느 허공을 헤매고 있을까?
무더기로 봉두난발한 뿌리들
햇빛이 어루만지며 애도하고 있다
어느 전쟁터에서 잘려진 머리가 저렇게 무더기로 쌓인 적 있을까
죽어서야 처음으로 하늘과 대면하는 뿌리
얇은 바람은 뒤늦은 슬픔을 꽁꽁 묶고
속도는 매연만 자꾸 키우고 있다

바그마티강 암에 걸리다

히말라야 산맥 키워낸 네팔
식수원이었던 청정 바그마티강도 키웠다
사람 죄 씻어주던 강
문명발달의 끊임없는 시간 흐름속에
쓰레기 반란 시작된다

밥해 먹고 빨래 하던 맑은 강 쓰레기 매립장 되어
진액 뽑아낸 매실 같이 쪼그라들고 오염되어
폐기종 걸린 환자되어 숨 헐떡인다

천국으로 직행하는 승차권 얻으려
강가서 화장해 극락왕생 빌며
수 많은 시신 화장해 강물에 버리고
'아스뚜'를 섬기던 시간의 축적에
화장하고 남은 재와 남은 물품 무덤에 강 죽어간다

네팔 사람들 벌금 두려워 싱가포르 가서는 쓰레기 함부로 버리지 않고
처벌이 죽어있는 네팔에 오면 공항에서부터 쓰레기 버린다
강 아프다고 소리쳐도 듣지 못한다

쓰레기의 60~70%만이 매립장으로 가고 나머지는 강에 버린다
버려지는 쓰레기 쓰레기길 만든다

자신들이 버린 쓰레기 자신에게 몰려온다는 진리 어디서 잠자는가

바그마티강물 다시 식수원으로 살아나기까지
얼마나 시간이 걸릴지

그들의 눈물은 말한다, 신이 그들을 버렸다고

미나리

갓 시집 왔을 때
봄보다 빨리 닭똥냄새가 달려왔다

논에다 닭똥 풀어놓아
냄새는 이 집 저 집 불청객이 되어
종일 돌아다녔다
찰거머리보다 더 집요하게 바람을 끌고다녔다
곡예를 부리며 돌아다니는 냄새
집 앞에 건물 들어서면 일조량 빼앗긴다 분쟁
공사장 소리 시비는 게거품을 물었다

밥 먹자고 하는 일이라며
시비를 다독이던 시절
벼농사를 밀어낸 서슬 푸른 미나리는 아파트 숲에 밀려났다

밀고 밀리는 자본의 자리빼앗기
한국보다 먼저 미국에서 미나리 바람이 불었다
영화상영관에서 꽃을 피운 미나리
아파트에 밀려난 설움은
와신상담하지 않아도 기쁨으로 찾아왔다

도랑물에 자라 흙탕물도 맑게 하는 푸른 마음
부족하다는 수근水芹거림
산성비 내리는 요즘 알칼리성으로 대응하는 예지력
복어탕에도 납시어 불안을 잠재우는 해독작용의 효능은
마디를 잘라 옮겨 심어도 마디게 컸다
결국, 세계의 봉우리에 섰다
미나리 출렁이던 푸른 논
이제 미나리는 또 다른 꿈을 향해 싱싱 자라고 있다

시감상 | 이서빈

이진진 시인은 자연을 상대로 시상을 엮어가면서 뒤돌아보거나 망설이지 않고 앞으로만 달리는 자본주의 시대를 힘이 세고 굵은 필치로 터치해 나간다.

'사방 경계를 긋고 서 있는 기둥'에도 불구하고

'속도를 질주하던 생 차곡차곡 사각틀에 갇힌다
매연
뿜뿜 종횡무진 자유를 날아다니'고
'과속 스캔들' 속에서도 '안전거리 미확보 꼬리물기'로
'위법이 깔린 도로
어디에도 속도를 잡아둘 곳이 보이지 않는다'

고 날카로운 지적을 하고 있다. 매일처럼 쏟아지는 쓰레기들을 보면 누구나 다 공감할 대목이다.

그런 속에서도 끊임없이 출시되고 있는 환경 공해들이 오늘날 펜데믹을 만들어 낸 것이다.

'나무들 눈물로 호소해도
인간은 무자비로 폭증하는 속도로
시퍼런 나무들 목숨 잘라냈다.'

이것을 시인은 '살육의 현장'으로 공포하고

'나무에 깃들던 새들

또 어느 허공을 헤매고 있을까?' 라며 애통해 하고 있다.

시인은

'어느 전쟁터에서 잘려진 머리가 저렇게 무더기로 쌓인 적 있을까'라고

섬뜩한 각혈을 토해내듯 말하며 환경이 진멸할 지경에 이르렀는데도 속도는 매연만 자꾸 키우고 있다고 호통치며 시퍼런 펜을 휘저어 찬물을 벌컥벌컥 들이켜도 자꾸 갈증이 나게 만든다.

이제 어느 곳도 청정지역은 없다.

'바그마티강 암에 걸리다'에서는

'문명발달의 끊임없는 시간 흐름 속에

쓰레기 반란 시작된다' 면서 또 걱정을 굴비엮듯 엮어내고 있다.

'밥해 먹고 빨래 하던 맑은 강 쓰레기 매립장 되어

진액 뽑아낸 매실 같이 쪼그라들고 오염되었다

폐기종 걸린 환자되어 숨 헐떡인다

천국으로 직행하는 승차권 얻으려

강가서 화장해 극락왕생 빌며'

인간 자신의 안녕만 빌 줄 알지 아무리 '강 아프다고 소리쳐도 듣지 못한다' 면서 이젠 '신이 그들을 버렸다'고 인간들이 자연에게 가하는 가혹 행위는 잔인한 결투를 끝내고 우리속에 들어가 서서히 죽어가는 투우의 최후만큼 처참하고 비참한 종말을 맞을 거라고 말하고 있다. 그 이유를 시인은 신에게 버림받았음을 상

기시킨다.

절벽으로 휘몰아치는 서슬퍼런 파도에 인간이 휩쓰려 갈 것 같은 두려움이 인다.

시 「미나리」에서는 시인은 자신의 머릿속을 푸른미나리로 환기를 시키려는지

아니면 세계에 알려진 영화처럼 자신의 시도 푸른싹이 무럭무럭 자라 미나리처럼 세상을 푸르게 하려는 의도인지 시선을 바꾼다.

'갓 시집 왔을 때/ 봄보다 빨리 닭똥냄새가 달려왔다'며 푸른 시절을 호명한다.

그러나 '벼농사를 밀어낸 서슬 푸른 미나리는 아파트 숲에 밀려났다'면서

'밀고 밀리는 자본의 자리빼앗기'라고 말한다.

'한국보다 먼저 외국에서 미나리 바람이 불었다.'

자본주의의 최상국인 외국에서 먼저 환경을 헤치는 과학들이 시작되고 화공약품이 개발되었다는 말을 한다.

'영화상영관에서 꽃을 피운 미나리

아파트에 밀려난 설움은

도랑물에 자라 흙탕물도 맑게 하는 푸른 마음'

선진국에 밀려난 설움은 '도랑물에 자라 흙탕물도 맑게하는 푸른 마음'이라며 환경을 헤친 선진국들을 비난하고 있다.

'산성비 내리는 요즘 알칼리성으로 대응하는 예지력
복어탕에도 납시어 불안을 잠재우는 해독작용의 효능은
결국, 세계의 봉우리에 섰다.
미나리 출렁이던 푸른 논 이제 미나리는 또 다른 꿈을 향해 싱싱 자라고 있다.'

환경을 맑게 할 또다른 희망을 키우고 있는 시인은 미나리처럼 전세계가 무한한 초록을 키워 신음하는 지구가 회복하기를 간절히 바란다.

이진진 시인의 시편들은 양잿물에 삶아 방망이로 두들겨 손빨래를 한 순백 옥양목처럼 고색창연함이 펄럭이는 시다.

빨랫줄에 순백을 펄럭이는 바람처럼 지구를 살리기 위한 간절한 영혼이 펄럭이는 시다.

시인의 이 계몽이 '미나리'처럼 전 세계를 휩쓸길 응원한다.

나비바람 외 2편

글 보 라

세상을 바꾸는 일은
나비바람이면 되지요

벌목 당해 민둥산이 된 곳도
스티로폼으로 숨 막히는 바다도
아스팔트로 흙이 사라진 골목도
나비바람 불면 환해져요

꽃씨를 심어요
온난화로 어느 곳이든 발아가 잘되요

아픈 지구 스스로 치료하는 거래요
꽃이 피고
나비가 찾아오면
그 바람 오존층을 식혀주지요

사뿐사뿐 가쁜 숨을 쉬던 지구
다시 큰 숨을 쉴 수 있도록
나비바람 가뿐히 날게 해 주실거죠?

꽃기린 처방전

별을 보려 옥상을 오르니
썸네일로 펼쳐진 스틸컷
계단끝 꽃기린 가시로 압정되어 있습니다

순간이 장편보다 긴 것은
잘려도 여전히 자라고 있는 편린
기억이 계속 편집되고있습니다
성장을 멈춘 소통에 마음이 멍든 적 있고
목을 늘릴대로 늘려서야
조금은 보이던 당신의 생각
결빙된 가시로 말라 있었습니다

당신의 발자국이 각인된 계단에 앉아
오그라든 꽃기린을 억지로 세워봅니다
제 몸에 가시 돋힌 페이지에 책갈피를 꽂아두고
별빛으로 낱낱이 읽힌
고소공포증 처방전을 찢고 있습니다

바람은 찢긴 처방전을 끌어다
나무꼭대기에 걸어놓습니다

황사의 자장가

땅이 몸을 부풀리고 있다
살갗이 들떠있어 기름지게
단단한 근육을 풀고 있다

삭풍이 머물던 뼈에 훈풍 들어
잔뼈 사이에 고인 핏물이 돌돌 돈다
공장지대 돌던 바람이
누렇게 물들었다는 소식
장마 뒤 잡초처럼 무성하다

편한 일상을 위해 무분별하게 들어선 공장
사나운 속성을 급성장시켰다

겨우내 얼었던 솜털을 숨 쉬게 하고
삐걱대는 관절을 말랑하게 한다

순하디 순한 바람 키워 낼 나무
심고 또 심어야 한다고
바람은 봄의 교향악이 꽃빛으로 국경을 넘나든다

시감상 | 이서빈

우리 주변에서 흔히 사용하는 나비효과效果, butterfly effect란 말이 있다. 나비효과는 나비의 작은 날갯짓처럼 미세한 변화, 작은 차이, 사소한 사건이 추후 예상하지 못한 엄청난 결과나 파장으로 이어지게 되는 현상을 말한다. 혼돈 이론(카오스 이론)에서 초기값의 미세한 차이에 의해 결과가 완전히 달라지는 현상으로 무시해도 될 만큼 작은 차이나 미약하고 사소한 행위로 시작되었으나 연쇄적이고 점진적으로 조금씩 큰 파장을 일으키면서 결국에는 전혀 예상치 못했던 큰 변화를 초래하는 경우, 아주 사소한 것도 후에 큰 사건으로 비화될 수 있다는 것과 초기치의 미묘한 차이가 증폭되어 엉뚱한 결과를 초래하기도 하므로 장기예측은 그만큼 어렵다는 두가지 의미를 내포한다. 오늘날과 같은 세계화 시대에서는 '나비효과'가 더욱 강한 파급력을 가질 수 있다. 교통과 통신이 발달해있고 특히 인터넷으로 연결되어 있는 지구촌 한구석의 미세한 변화가 순식간에 확산되기 때문이다.

나비효과라는 용어가 처음으로 등장한 것은 1952년 브래드버리가 쓴 소설 '천둥소리'이고, 널리 알려지기 시작한 것은 1972년 기상학자 로렌즈가 미국 과학부흥협회에서 한 강연 제목으로 '예측가능성-브라질에서의 한 나비날갯짓이 텍사스에 돌풍을 일으킬 수도 있는가(Does the Flap of a Butterfly's

Wings in Brazil Set Off a Tornado in Texas?)'로 인해 대중에게 널리 알려지기 시작했다. 로렌즈는 1961년 컴퓨터로 기상을 모의 실험하던 중 초기 조건의 값의 미세한 차이가 엄청나게 증폭되어 판이한 결과가 나타난 것을 발견하였고 연구 결과를 발표하면서 "나비효과라는 말을 사용"하듯 글보라 시인의 시도 그런 효과가 일어나길 바라는 시로 읽힌다. 글보라 시인은 '나비바람'이란 나비날갯짓같은 팔랑임이 있는 시로 제목을 잡고는 첫 연부터 아주 작은 날갯짓으로 세상을 다 바꿀 수 있다며 통크게 시작한다.

시를 쓰는 일이란 겨자씨앗에서 수미산을 꺼내는 일임을 깨닫고 쓴 것이다.

'세상을 바꾸는 일은
나비바람이면 되지요
벌목 당해 민둥산이 된 곳도
스티로폼으로 숨 막히는 바다도
아스팔트로 흙이 사라진 골목도
나비바람 불면 환해'진다고.
그리곤 나비를 부르는
'꽃씨를 심어요
온난화로 어느 곳이든 발아가 잘되요
아픈 지구 스스로 치료하는 거래요
꽃이 피고
나비가 찾아오면

그 바람 오존층을 식혀' 준다고 자신있게 서술하고는 마지막 장식을

'사뿐사뿐 가쁜 숨을 쉬던 지구
다시 큰 숨을 쉴 수 있도록
나비바람 가뿐히 날게 해 주실거죠?'

라고 독자들에게 겸손하게 청유형으로 시를 매듭짓는다.

나비 날갯짓보다 더욱 상큼한 날갯짓을 하는 시다.

그리고 다음 시「꽃기린 처방전」에서는

'별을 보려 옥상을 오르니
썸네일로 펼쳐진 스틸컷
계단끝 꽃기린 가시로 압정되어 있'다고 한다.

살다보면 '순간이 장편보다 긴' 시간이 있다. 그건 기대와 설렘과 기다림이 잘 융합되었을 때 곧, 어떤 일에 관심과 사랑이 함께 있을 때 가능한 시간이다.

어떤 이유로든 순간이 장편보다 긴 시간이란 생에서 가장 값지고 아름다운 순간인지도 모른다.

그런 기억이 '잘려도 여전히 자라고 있는 편린'으로 계속 편집되고 있다는 건 기억하고 싶지 않지만 그만큼 소중한 시간이었을 것임을

'성장을 멈춘 소통에 마음이 멍든 적 있고
목을 늘릴대로 늘려서야
조금은 보이던 당신의 생각
결빙된 가시로 말라 있었'다고 고백한다.

그리고 시인은 못내 가시박힌 시간과 붉게 핀 꽃잎같은 꽃기린시간을 함께 불러내

'당신의 발자국이 각인된 계단에 앉아
오그라든 꽃기린을 억지로 세워
제 몸에 가시 돋힌 페이지에 책갈피를 꽂아두고
별빛으로 낱낱이 읽힌
고소공포증 처방전을 찢고
바람은 찢긴 처방전을 끌어다
나무꼭대기에 걸어놓는'
다며 너무 웃자라 키가 닿지 못하는 시간을 아프게 아쉬워하고 있다.

「황사의 자장가」에서는
'장마 뒤 잡초처럼 무성하다
편한 일상을 위해 무분별하게 들어선 공장
사나운 속성을 급성장시켰다.'
편한 일상을 위해 무분별하게 공장을 세우고 개발만 하지 말고 이제 자연을 자연으로 돌려주자는 말이다.

'순하디 순한 바람 키워 낼 나무
심고 또 심어야 한다고
바람은 봄의 교향악이 꽃빛으로 국경을 넘나든다'
는 시처럼 지구를 살리자는 이 환경시가 봄의 교향악이 되어 꽃

빛으로 국경을 넘 나들길 간절히 바라는 염원을 담은 시다.

'나비바람'이 국경을 넘나들며 환경을 살리는 나비효과로 훨훨 우주 방방곡곡으로 날아오르면 좋겠다.

2부

물의 노래 외 2편

김 정 오

가만히 귀 기울여 봐요

시작이 어디서부터인지
나는 알지 못해요

햇살이 보여준
무지개빛 풍경과
지나가는 바람이 전해준
향긋한 풀냄새와
빗소리에 실려온
따스한 온기로

나는 매일 꿈을 꾸어요

어떤 날엔
구름이 되었다가
또 어떤 날엔
꽃잎도 되었다가
다른 날엔
새하얀 눈송이도 될 수 있어요

>

내게 보여지는 모든 것들이
나로 인해
아름답게 보여지기를

시간의 숲

갈래갈래
쏟아지는 햇살

사그락거리는
바람의 노래

모래알처럼 부서지는
물결의 춤사위

걸음걸음 물드는
가을의 눈빛

코 끝에 맴도는
단풍의 인사

계절을 품은 시간의 숲은
또 다른 여행을 시작한다

사랑을 할 때는

사랑을 할 때는
누구나 시인이 된다

그저

평범한 햇살 한 조각
스치는 바람 한 줄기
수줍게 고개 내민 한 송이 꽃
들려오는 파도의 노래 한 소절

무엇이든 그대가 된다

시감상 | 이서빈

물을 만물의 근원이라 정의한 사람은 그리스 철학자 탈레스다.

인간 몸의 70%를 구성하고, 지구 표면의 70%를 차지하는 물.

인간뿐 아니라 모든 생명체도 물에서 태어나고 생명 역시 물에 의해서 살아간다.

물은 너무 흔하기에 대접을 못 받고 무감각하게 취급받지만 물이 없는 세상은 상상을 할 수 없다. 그러기에 물에 대해서는 아무리 찬송해도 지나침이 없다.

시인 뿐 아니라 모든 예술가들의 상상력을 불러일으키고 시적 영감을 흐르게 하는 것 역시 물이다. 맛도 형체도 색도 없는 것이 이렇게 인간을 지배하고 사는 걸 생각하면 참으로 신비스럽다.

김정오 시인 역시도 그 신비함을 '물의 노래'로 읊은 것이다.

시인은

'가만히 귀 기울여 봐요

시작이 어디서부터인지

나는 알지 못해요'라고 인간의 원초적인 근원을 시이랑에 조근조근 옮겨 심는다.

그리곤

'햇살이 보여준

무지개빛 풍경과

지나가는 바람이 전해준

항긋한 풀냄새와
빗소리에 실려온
따스한 온기로
나는 매일 꿈을 꾼다'

고 햇살 무지개 바람 빗소리 온기들 덕분에 따스한 꿈을 매일 꾼다고, 이랑에 심어놓은 시어들을 봄이 푸르름을 키우듯 자연스럽게 키워나간다.

'어떤 날엔
구름이 되었다가
또 어떤 날엔
꽃잎도 되었다가
다른 날엔
새하얀 눈송이도 될 수 있다.'

시인은 자신이 마치 유체이탈을 하듯 자유자재로 몸을 바꾸며 '이야기에 귀 기울여 봐요'라고 시작이 어디서인지 모른다면서 다 알고 있는 것처럼 꽃잎 되었다가 새하얀 눈송이도 될 수 있다고 한다.

구름이 되어 온 세상을 다 내려다 보기도 하고, 꽃잎이 되어 세상을 붉게 물들여보기도 하고 눈송이가 되어 세상에 더러운 것과, 산, 들, 나무, 아무리 높은 빌딩의 오염도 하얗게 덮을 수 있음을 시사한다. 얼마나 해맑은 꿈들인가?

또 시인은 '시간의 숲'에서도 역시 자연에 대해서 노래한다.

김정오 시인의 시를 읽노라면 알베르 카뮈의 대표작인 『이방인』이 생각난다.

햇빛 때문에 살인을 했다는 유명한 대사를 남긴 뫼르소, 카뮈의 소설에서 부조리한 삶을 부정적 의미로 받아들이고 산 뫼르소.

그와 반대로 부조리한 삶을 긍정으로 승화시켜 산 인물은 역시 알베르 카뮈가 쓴『페스트』의 주인공인 의사 리유다.

북아프리카 알제리의 도시 오랑에 페스트가 창궐하자 이 질병은 교만한 자들과 신의 뜻을 거역하는 자들에게 신이 내리는 징벌이며, 당연한 업보라면서 신부는 인간들이 회개할 것을 설교한다. 그러나 신부는 천진한 어린이부터 노인에 이르기까지 수 없는 죽음을 목격하면서 신앙관이 변한다.

신부는 더 이상 신의 징벌을 언급하지 않는다. 이 고통도 신의 뜻이겠지만 신은 결코 악하지 않으니 고통조차도 신의 본질로 받아들여야 한다고 주장한다. 인간은 신에 대해 모든 것을 믿고 받아들이든가 또는 모든 것을 부정하는 두 갈래 길에서 하나를 선택할 수밖에 없는 것이라고.

페스트까지도 신이 내리는 선의 일부라고 받아들이지만 페스트 희생자들의 대열에 합류하여 사망하고 마는 신부.

페스트는 거의 1년이나 계속되다가 겨울 찬바람 속에서 소멸되기까지 페스트 환자들을 돌보는 의사 리우. 그러나 리우의 부인은 외딴 도시에서 남편의 간호도 받지 못한 채 외롭게 사망한다.

'갈래갈래/ 쏟아지는 햇살
사그락거리는/ 바람의 노래
모래알처럼 부서지는/ 물결의 춤사위
걸음걸음 물드는/ 가을의 눈빛

코 끝에 맴도는 단풍의 인사
계절을 품은 시간의 숲은
또 다른 여행을 시작한다.' 카뮈의 소설을 읽고 한동안 아무것도 못하고 멍때리던 시간을 이 시에서 다시 경험하게 한다.

자연이란 이렇게 소중하고 경건하게 다루지 않으면 수많은 전염병에서 자유로울 수 없음을 시인은 말하고 있는 것이다.

시인은「사랑을 할 때는」에서도 역시 자연을 강조하고 있다.

'사랑을 할 때는
누구나 시인이 된다
그저
평범한 햇살 한 조각
스치는 바람 한 줄기
수줍게 고개 내민 한 송이 꽃
들려오는 파도의 노래 한 소절
무엇이든 그대가 된다'

이 세상에서 물, 불, 바람, 흙은 이 소중한 자연을 키우고 움직이고 구성할 뿐 아니라 바슐라르는 이 네 가지 원형을 통해 인간이 자연과 교감하고 서로 작용하며 내면의 창조성을 꽃피운다는 상상력 이론을 체계화했다.

상상력은 사람이 세상을 살아가는데 진화와 맞물려 있다.

상상력이 없는 삶은 한 발자국도 앞으로 나아가지 못하기 때문이다.

그래서 시인들은 끝없는 상상력으로 새로운 이미지들을 불러와 인간 내면을 움직이게 해서 새로운 세상을 펼쳐나가는 창조자인 것이다.

김정오 시인 역시 아주 쉬운 이야기로 아주 소중한 삶의 근본인 자연을 불러내어 인류가 자연을 어떻게 다루어야 할지를 극명하게 말해주고 있다.

이런 환경시들이 흰눈처럼 세계를 하얗게 정화하는 계기가 되었음 좋겠다.

무성한 하루 외 2편

장 정 희

봄빛을 뚫고 나오는 새싹처럼
물소리 파랗게 자란다

새싹에 봄바람이 매달려 있다
새싹에 봄향기가 매달려 있다

바람과 향기는
새 노래 소리에
온 몸에 피가 도는지
양 날개를 휘저으며 날아오른다

고성산* 오르는 길에 만난 푸른 빗소리
목젖을 적셔주고
어느 먼 곳에 있어 아직 당도하지 못하는
강물과 만나 또 다른 별이 될
속눈썹사이로 봄 싹트는 소리가
파랑파랑 날아드는 봄

* 강원도 고성에 있는 산

희망꽃

눈바람 참아내던
분홍꽃망울
강풍 타고 온 화마로
모두 타버렸다.

천지는 검은 숯덩이
어둠 속의 뿌리들은 암담하다

잿더미 속
화상 입은 나무는
뿌리에 안간힘을 모아
햇살로 절망을 치유하며
가지 끝에 가느다란 웃음을
피워 올린다

희망꽃이 싹트고 있었다

울산바위 품

곱게 물들지 못한
얼룩 한자락 안고
울산바위를 찾았다

울고 있는 바위 위로해 주려다가
그 많은 울음은 어디로 가고
하늘 가로질러
웅장하게 솟아 있는 그를 보며
한 없이 작아지는 마음 주체할 수 없어
한 발 한 발 다가서던 발걸음 멈췄다

오랜 세월 모진 풍파 견디고
의연한 모습

슬픈 계절을 보내고
지쳐있는 내게
그 웅장한 품을 벌려 안아준다.

밴댕이 소갈딱지 같은 마음
토닥토닥 토닥여주는
울산바위 품에 안겼다

내 몸에 소름끼치도록 포근함을 경작하는 울산바위 품

시감상 | 이서빈

여기저기서 가뭄과 홍수, 이상기온 소식이 들려와 지구가 단단히 몸살을 앓고 있음을 알 수 있다. 그러나 사람들은 아무것도 하지 않으면서 잠시 걱정하고 금방 잊어버리고, 덥다고 농사가 안 된다고 투덜대기만 할 뿐 근본적인 것엔 관심이 없고 눈앞에 보이는 일만 보고, 눈 뜨고도 보지 못하는 청맹과니가 되었다.

코로나가 다시 유행을 시작하고, 막막하기만 한 이때 장정희 시인이 쓴 시를 읽으며 마음을 잠시 달래본다.

'봄빛을 뚫고 나오는 새싹처럼
물소리 파랗게 자란다.
새싹에 봄바람이 매달려 있다.
새싹에 봄향기가 매달려 있다.'
얼마나 푸르고 해맑은 삶인가?
곧이어 시인은
'바람과 향기는
새 노래 소리에
온 몸에 피가 도는지
양 날개를 휘저으며 날아오른다.'

이제 새도 벌나비도 사라지고 있다. 아마도 이대로 가다가는

곤충이란 말도 짐승이란 말도 모두 문이 닫힐지도 모른다. 이 시가 그리울 때가 있을지도 모른다.

그리고 간절하게

'속눈썹 사이로 봄 싹트는 소리가/ 파랑파랑 날아드는 봄'을 전설처럼 이야기 하지 않을까? 지금도 꽃은 계절을 잊고 시도 때도 없이 피어나니 말이다. 그래서 시인은 '희망꽃'을 가꾸기 시작했는데 그

'분홍꽃망울
강풍 타고 온 화마로
모두 타버렸다.
천지는 검은 숯덩이
어둠 속의 뿌리들은 암담하다.'

그럼에도 불구하고 장정희 시인은

'잿더미 속
화상 입은 나무는
뿌리에 안간힘을 모아
햇살로 절망을 치유하며
가지 끝에 가느다란 웃음을
피워 올린다'고 절망속에서

'희망꽃이 싹트고 있었다'며 애써 희망꽃을 피우고 싶어하는

시인의 절절함이 녹아있는 시다. 시인은 그 시대에 해야할 소명을 가지고 태어난다고 생각한다.

다 그런 건 아니지만 그런 사람도 있어야 우주는 돌아가고 미래가 보장된다고 생각한다.

시인은「울산바위 품」이란 시에서도 자연이 인간에게 주는 것이 얼마나 대단한지를 말한다.

'곱게 물들지 못한
얼룩 한 자락 안고
울산바위를 찾았다'

시인은 자신의 얼룩을 위로받고 싶어 올랐으나 도리어 '울고 있는 바위 위로해'주고 왔다고 말한다. 그리곤 바위의 거대한 모습에 비하면 자신은 아니 인간은 '밴댕이 소갈딱지 같은 마음'임을 깨닫는다. 그리고,

'토닥토닥 토닥여주는
울산바위 품에 안겼다
내 몸에 소름끼치도록 포근함을 경작하는 울산바위 품' 이라 한다.

바위 품도 우리의 뼈나 살이 뭉쳐서 된 것이니 인간의 일부라고 할 수 있다. 그러니 얼마나 포근할 것인가? 자연도 자신의 몸의 일부라는 걸 인간은 알까?

시인은 깊은 질문을 던지고 있는 것이다.

의사 소통에서 화자는 자신의 사고 과정을 여러 가지 사물을 통하여 표현하고 표현된 이미지를 추론하면서 화자와 청자 간의 소통이 이루어지는 것이다. 자아가 세계와 접촉할 때 구체적으

로 만나는 사물들이 시인으로 하여금 감정을 걸러내고 이미지화 시키는 것이다.

물론 체험을 바탕으로 아니면 상상을 바탕으로 개인과 민족 더 나아가 인류의 대변자가 되어, 시대의 아픔과 슬픔을 작품속으로 끌어들여 우회적으로 드러내어 내면적 주제를 함께 담금질 해내는 것이다.

역사 사회 문화적 상황을 중심으로 삶의 공간까지 구석구석 통찰해 낼 수 있는 것이 보편적 진실이나 영원한 아름다움을 주고 어떤 환경에 처해 있고 어느 시대에 살고 있느냐에 따라 현실에 대한 시적 주체의 지각이 생겨나고, 그를 모태로 상상력의 토대를 만들어 내는 것이 시인이다.

이러한 상상력을 헤치고 꺼낸 이미지가 그 시대의 문화며 환경이며 삶이기 때문에 지금 이 시대에서 가장 시급한 환경 문제를 다룬다는 것은 무엇보다도 귀한 일임을 정확히 꿰뚫은 시인은 환경에 희망꽃을 피우고자 깃발을 들고 나선 것이다.

만국기가 펄럭이듯 장정희 시인의 희망꽃 향기가 전 우주에 펄럭인다는 소문이 전해오면 좋겠다.

북극곰 외 2편

정 구 민

남극으로 가는 길 뚫는 북극곰
평범하게 사라진 소문을 믿고
삶 경작위해
길을 뚫어보는 길이다
비틀걸음 돌뿌리에 차여 발톱이 빠지더라도
이것은 필수 항목이다

가시밭길 벼랑 끝 긴 이야기 차츰차츰
고인물 걸러 봄빛 연두로 흐르고 촉들의 이야기가 파릇파릇 움트는
언덕에서 살랑이는 봄바람과 이마를 맞대는
이것은 절대 항목이다

살랑바람 벌나비 엉덩이
새털구름 강너울 따라 북극곰 희망은 하늘바다에서 헤엄치는 일
짭쪼롬해진 날짜들이 그림자 만들고 눈이불 덮은 벌판 힘 잃어갈 때
이것은 붉은 절규다

언젠가는 그곳엔 북극곰 화석 빛나고

선인장 먹고 가시박힌 글을 읽고 살던 수업시간 끝났고
회오리 바람기둥 큰 절벽에 박혔을
이것은 북극곰 미래학이다

모기들 자웅동체로 바꾸고
여기저기 독들이 우글거린다
독들 지나간 자리마다 주검이 나뒹굴고 사람들은 아무렇지도
않게
또 독을 번식시킬 것이다.
이것은 장난이 아니다

나무역

갈빛 징검다리 건너는 하얀물소리
다리를 걷어올리고 물고기 잡는 황새
공중 돌며 맘 어지럽히는 문장들
인간 팔에 줄을 묶어 끌고 다니는 개
인간은 안구건조증 뻑뻑한 눈알 굴리며
개똥봉지에 끌려다닌다
혓바닥 빼물고 헉헉, 고달픈 삶 식힌다
슬픈 찔레꽃 그늘엔 세상의 시들이 둥지를 틀고
미세먼지 비질하며 허공길 열고 있는 바람
물비늘 찰랑거리며 그네 타는 초승달
나뭇가지 앉은 시름
발목에 못 박혀 꼼짝없이 서 있고 허리에 현수막 걸려
허리 휘었다
키 큰 나무 큰 꿈 꾸고 작은 나무 작은 꿈을
하늘 향해 기도한다
싯귀 걸려 펄럭이는
나무역에 닿으면 우리는 푸른 숨을 쉴 수 있다

가혹한 목숨 철사줄로 묶이고 분재라는 이름으로 생을
거세 당했다

사랑을 가장한 잔임함 초승달보다 섬뜩한 전지를 당했다
인간에게 지은 죄 없다. 선과 악이 공존하는 사바세상에
비가 내린다
나무 죽은 숫자만큼 균들이 태어나고
벌벌벌벌 벌목보다 무섭게 떨고 있는 인간
삶의 행간 가득 불어대는 바람소리 잠들지 못한 날
죽음앞에 선 짐승울음 같은 나무의 울음소리를 들었다

당부

함께 걸었던 오솔길 사라지고
달빛마저 말랐다

생물과 미생물 사이 재생재생
대량생산 대량소비 대량쓰레기 천국
신들은
더 넓은 외출 기웃거리며
평생 몸을 끌고다닌다

언젠가 내 영혼도 산업폐기물
만들고 말
신에게 신신당부한다

퉁퉁 부은 날에는
제발, 쿨럭거리는 기침 소리에 지구지붕 폭삭 내려앉지 않게 해달라고

생물과 미생물 사이 부조화가 불어난다
대량생산 대량소비 대량쓰레기 천국

그렇다. '이것은 장난이 아니다.' 이것은 정구민 시인이 세상을 향해 던지는 촌철살인의 '북극곰' 이란 시의 마지막 구절이다.

빙하가 녹아

'남극으로 가는길 뚫는 북극곰

삶 경작위해/ 비틀걸음 돌뿌리에 차여 발톱이 빠지더라도

이것은 필수 항목이다.'

삶에 대한 본능적인 몸부림을 시인은 곰이 되어 대신 외치고 있는 것이다. 그리고

'고인물 걸러 봄빛 연두로 흐르고 촉들의 이야기가 파릇파릇 움트는

언덕에서 살랑이는 봄바람과 이마를 맞대는

이것은 절대 항목이다

살랑바람 벌나비 엉덩이

새털구름 강너울 따라 북극곰 희망은 하늘바다에서 헤엄치는 일

짭쪼롬해진 날짜들이 그림자 만들고 눈이불 덮은 벌판 힘 잃어갈 때

이것은 붉은 절규다

이것은 북극곰 미래학이다'라고 처절하게 곰의 대변인이 되어 하얗게 외치고 있다.

지구상에 어떤 생명체가 사라진다는 건 그만큼 삶의 조건이

바뀐다는 뜻이다. 찰스 다윈의『종의 기원』에 보면 '우리는 태초부터 특별하지는 않았다. 다른 동물들보다 특별히 두드러진 점이 없었다는 뜻이다. 5백만 년전, 그 누구도 우리의 원시인류의 후손이 세계를 지배하고 긴 역사를 쓰고 우주선을 타고 다른 행성에 대한 연구를 할 것이라는 점은 예측하지 못했다. 다윈의 진화론에 따르면 현재 우리의 종인 '호모 사피엔스(Homo Sapiens; 생각하는 인간)'는 약 6백만 년 전, 단 한 마리의 유인원이 자손을 낳았을 때 한 마리는 침팬지의 조상, 다른 한 마리는 우리 종의 조상이 된 것이다.

그런데 이렇게 무난하고 약한 존재들이 어떻게 세상을 지배하는 힘을 가지게 되었을까? 호모 사피엔스는 10만 년 전, 아프리카에 동남부에서 거주하다가 점점 지구 전체로 진출하게 되었다. 그들이 그 지역을 지배한 뒤부터 새로운 지역에 살고 있던 인류는 모두 멸종했다. 그렇게 '호모 솔로엔시스'는 5만 년 전에 멸종했고, '네안데르탈인'은 3만 년 전에 사라졌다. 분명 우리 인류는 그들을 처참히 몰살시켰을 것이다.'며 '종의 기원'의 말을 다시 소환한 시인은 자연과 함께 살아야 하는 인류가 이제 그 힘으로 빙하를 녹이고 자신의 혈육일지도 모를 다른 동물들을 잡아먹는다고 인간의 야만을 호되게 꾸짖는 것이다. 종의 기원을 돌아보게 하는「나무역」이란 시에서도

'갈빛 징검다리 건너는 하얀물소리
다리를 걷어올리고 물고기 잡는 황새
공중 돌며 맘 어지럽히는 문장들
인간 팔에 줄을 묶어 끌고 다니는 개'를 다음과 같이 비웃는다.

'인간은 안구건조증 뻑뻑한 눈알 굴리며
개똥봉지에 끌려다닌다
혓바닥 빼물고 헉헉, 고달픈 삶 식힌다.'
면서 독자들에게 묘한 감정을 일으키게 한다.

개똥봉지에 끌려다닌다면 개만도 못하다는 말 이 아닌가? 웃지 못할 일을

'키 큰 나무 큰 꿈 꾸고 작은 나무 작은 꿈을
하늘 향해 기도한다
싯귀 걸려 펄럭이는
나무역에 닿으면 우리는 푸른 숨을 쉴 수 있다'고. 그리곤 다시
'나무 죽은 숫자만큼 균들이 태어나고
벌벌벌벌 벌목보다 무섭게 떨고 있는 인간'이라고 무서운 경고장을 펄럭인다.

시인은 다음시에서 독자들의 눈길을 「당부」라는 제목을 붙여 신에게 신신 당부를 하는 시를 쓴다.

'함께 걸었던 오솔길 사라지고
달빛마저 말랐다
생물과 미생물 사이 재생재생
대량생산 대량소비 대량쓰레기 천국
신들은
더 넓은 외출 기웃거리며
평생 몸을 끌고다닌다

언젠가 내 영혼도 산업폐기물

만들고 말

신에게 신신당부한다

제발, 쿨럭거리는 기침 소리에 지구지붕 폭삭 내려앉 지 않게 해달라고'

이 시를 읽으면서 할 말을 모두 잃어버렸다.

인간의 이분법, 그러니까 인간적인 면과 자연적인 면으로 한 쪽은 자연적, 한 쪽은

기계론적 필연성에 따라 작동하는 세계에서 이 지구가 건강해 지려면 어느 쪽이 더

미래 인류에게 이익인지 생각하게 하는 시편 들이다.

전 인류가 정구민 시들을 읽고 경각심을 가지고 노력한다면 죽은 짐승들이나 나무

의 영혼들이 인류를 위해 바이러스들을 다 삼켜주지 않을까?

아무리 그럴듯하게 공장에서 찍어내듯 잘 정리된 농지農地같은 시를 써본들 시대정신이 불러낸 정구민 시인의 시에 미칠 수 있을까?

정구민 시인은 이 시대에 진정한 시인정신을 가진 시인이란 생각이 든다.

지구의 생태계들이 모두 이 시인에게 기립박수를 보내지 않을까?

하늘로 간 북극곰 외 2편

최 이 근

위기에 빠진 북극곰

빠른 속도로 녹고있는 해빙
북극곰이 곰곰곰 하얗게 운다

점점 더워지고
삶의 터전 붕괴
석유 천연가스 탐사 유해 화학 물질
북극 온도 올리고
인구증가 지구온난화 부추긴다
포유류 멸종해가고 동식물 죽어가는 기후변화

대기오염 심해지고 환경 무너지자
하늘로 이주한 곰들
큰곰 작은곰 모두 북두성 북극성에 자리잡고
인간들이 잠든 밤에 놀러나온다

하늘로 올라간 곰 쓸개 발바닥
인간들은 쌍불켜고
하늘까지 곰 사냥 떠날까

알약

그림자 얼룩 터는 소리

맑은 재잘거림 시든다

시작을 마감하는

살충제 제초제 아황산가스에 죽음비 내린다

서서히 말라가는 명줄

베어내고 개간하고 불태우고 파괴하는

자연환경 생태계에

흙바람이 불어온다

나무노래 파릉파릉 키우고

물고기 춤 우렁우렁 키우고

>

새소리 화르르 화르르 공중을 날리는 알약

강물에 달빛을 담그고

빗물은 물소리 키우고

발가벗은 알몸으로 맘껏 물장구 칠 수 있는 알약

지구 어디에 무한한 치유의 알약 없을까?

영혼과 영혼 사이 내리는 비

가장 흔하던 것 가장 귀하게 된
물 바람 햇빛
너무 귀해 잊고 살던 일상
혼란과 혼돈 바람 안개처럼 피어오른다

코로나 19
말을 막고 길을 막고 삶을 가로 막는다

지난날 쓰고 버린 쓰레기들에 납치당하는 인류
이대로 하염없이 달리다
어느날 지구가 폭삭 내려앉는 것 목격할지도

환경오염 기후변화 바글바글 살아나는 균
별빛 주파수 장애물 부딪혀 울부짖는 소용돌이마저 실종되면
인류의 걸음은 다 닳은 것

생각 멸종된 습관
또 다른 재앙으로
습관을 가두고 세상이 어두워질지도

>

코로나 19 어둑어둑 지구 바깥으로 걸어나가면
영혼을 바꾸어 태어났던 짐승들은 무슨 말을 할까
영혼과 영혼 사이 비가 내린다

시감상 | 이서빈

밤하늘로 간 북극곰을 본지도 얼마나 오래되었는지 모른다. 이 삭막한 도시에서 별을 찾는다는 건 사치스런 생각일까? 최이근 시인이 쓴 「하늘로 간 북극곰」을 읽으며 문득 내 어릴적 평상에 누워 모닥불 피워 모기를 쫓으며 할머니 무릎을 베고 밤하늘 별을 보며 어서 커서 저 별나라에 꼭 가보고 싶다는 생각을 했던 시절이 생각난다.

그러나 첫 행부터

'위기에 빠진 북극곰/ 빠른 속도로 녹고있는 해빙

북극곰이 곰곰곰 하얗게 운다'는 말에 내 어릴적 꿈마저 산산조각 나 버렸다.

이제 꿈조차 사치가 되어버린 듯 하여 슬프다.

'삶의 터전 붕괴
석유 천연가스 탐사 유해 화학 물질
북극 온도 올리고
포유류 멸종해가고 동식물 죽어가는 기후변화
대기오염 심해지고 환경 무너지자
하늘로 이주한 곰들
큰곰 작은곰 모두 북두성 북극성에 자리잡고
인간들이 잠든 밤에 놀러나온다'

아니 하늘까지 올라가서도 인간들이 잠든 다음에야 놀러 나온다니 무슨 원한이라도 있을까 생각하는 사이 시인은 이유를 말해준다.

'하늘로 올라간 곰 쓸개 발바닥
인간들은 쌍불켜고
하늘까지 곰 사냥 떠날까'

그렇다, 곰 발바닥 곰 쓸개 때문에 하늘로 간 것이다.

인간은 심지어 범의 태반, 호랑이 탯줄, 오랑우탄, 원숭이 입술(성순), 사슴 꼬리, 힘줄(녹항), 낙타 발, 혹(타봉), 곰 발바닥(웅장), 원숭이 뇌, 봉황새 뇌(봉수), 제비집, 개구리 뒷다리, 용의 간, 뱀 심장, 매미 뱃가죽, 상어지느러미, 모기 눈알 등 못 먹는 것이 없을만큼 동물, 짐승 가리지 않고 막무가내로 먹어치운다. 하이에나보다 더한 식성을 가진 인간인 것이다.

시인은 「알약」에서도 '맑은 재잘거림 시든다'고 사라져 가는 짐승들 목소리를 걱정하고 있다. 그 의유를

'살충제 제초제 아황산가스에 죽음비 내려
서서히 말라가는 명줄
베어내고 개간하고 불태우고 파괴하는
자연환경 생태계에
흙바람이 불어온다'는 문구에는 파괴된 환경에 흙바람이 태풍처럼 불어오는 듯 하다.

그럼에도 불구하고 시인은 희망을 노래한다.

'강물에 달빛을 담그고
빗물은 물소리 키우고
발가벗은 알몸으로 맘껏 물장구 칠 수 있는 알약
지구 어디에 무한한 치유의 알약 없을까?'
이렇게 지구 치료할 알약을 찾고 있다.

알약을 찾는 시인은 '영혼과 영혼 사이 내리는 비'에서
'가장 흔하던 것 가장 귀하게 된
물 바람 햇빛
너무 귀해 잊고 살던 일상
혼란과 혼돈 바람 안개처럼 피어오른다'고 영혼까지 흙비가 내릴까 걱정하며

'코로나 19
말을 막고 길을 막고 삶을 가로 막는다
이대로 하염없이 달리다
어느날 지구가 폭삭 내려앉는 것 목격할지도'
무서운 세상을 말한다.
지구 지붕이 어느날 폭삭 삭아 내려앉는다면 우리는 어디로 피신을 할 것인가?
그대로 깔려 죽고 말겠지.
정말 영혼에 비가 내릴만하다.

'별빛 주파수 장애물 부딪혀 울부짖는 소용돌이마저 실종되면

인류의 걸음은 다 닳은 것'

인류의 걸음이 다 닳는다는 말은 인류가 흔적없이 사라져버린다는 말이다.

아찔하다. 지금 당장 지구위원회라도 열어서 대책을 마련해야 할 것 같다.

칼 세이건 보이저 1호가 64억 킬로미터 밖에서 찍은 지구 사진을 인류에게 전송했는데 이 사진을 부르는 명칭을 '창백한 푸른 점Pale Blue Dot'이라했다.

'우주는 광활한 우주에 떠 있는 보잘것없는 존재에 불과함을 사람들에게 가르쳐 주고 싶었다'고 밝혔다.

이렇게 작은 무대에서 승리와 영광이란 이름 아래, 이 작은 점의 극히 일부를 차지하려고 했던 역사속의 수많은 정복자들이 보여준 피의 역사를 생각해 보라.

이 작은 점의 한 모서리에 살던 사람들이 거의 구분할 수 없는 다른 모서리에 살던 사람들에게 보여주었던 잔혹함을 생각해 보라. 서로를 얼마나 자주 오해했는지 서로를 죽이려고 얼마나 애를 써왔는지, 그 증오는 얼마나 깊었는지, 우리가 사는 이곳은 암흑속 외로운 얼룩일 뿐이다. 이 사진을 보고도 자연에게 오만함을 부릴수 있을까? 이 창백한 푸른 점에 잠시 살다 가면서 자연과 함께 따뜻하게 살아야 하지 않을까? 2006년 앨 고어의 다큐멘터리 영화「불편한 진실」의 마지막 부분에 이 사진이 삽입되었다. '여기가 우리의 고향이다.'라는 칼 세이건의 말을 인용한 고어는 지구 온난화를 멈추게 해야 한다는 취지에서 이 사진을 사용했다.

최이근 시인도 칼 세이건의 코스모스를 탐독하고 쓴 듯 하다.

이 시가 세계로 훨훨 날아 칼 세이건의 코스모스보다 더 값진 일 즉, 환경이 안도의 숨을 쉴 수 있는 계기가 되었으면 좋겠다.

3부

파란 깨달음 외 2편

고 윤 옥

장사꾼은 돈돈돈
농사꾼은 열매열매열매
정치꾼은 권모술수로 가득찼다

부잣집 곳간엔 욕심이
없는 집 부엌엔 가난이 가득하다

짓밟힌 지구는 안간힘으로 버티는데

욕심 바닥나고
열매 사라지고
권력 뭉개지고
돌기 멈추는 오디처럼 까만 날

장사꾼에게 불황이
농사꾼에게 태풍이
정치꾼에게 성난 민심이
창을 들고 덤벼들 수도 있다는 걸 파랗게 깨닫는 날

팔을 걷고 나섰다

환경 환경 환경
지구를 향한 방아쇠에
일제히 손가락을 걸었다

예견은 이쪽에 남겨지는 것

푸른빛소리

밤새 내린 비가 앞마당에 흥건히 고였다
고양이도 참새도 개미도
혓바닥으로 빗물에 고인 하늘을 건진다
길 모퉁이 민들레 노란 기지개 켜고
햇빛이 불어난 시냇물 소리 말리고 있다

처마밑 제비 지저귐도
수양버들 머릿결도 물기를 털어내고 있다

목마른 사슴에게
양떼에게 갈증 난 인간에게
숨통을 틔워 주었다고
업적이 지갑을 채우는 동안 쏘가리도 귀를 쫑긋

강물 속
메기 가물치
살 오른 고기들이 그물을 피해 분주하고
어느새 고래 상어 사라지는 망망대해

두 눈이 작은 멸치

더 작은 조개 더 작은 미생물

생물들
빗소리를 입양해 키우는 지구
푸른빗소리는 지구의 눈물이다

현기증

온갖 것들을 싹쓸이 하고 있는 물소리

불어난 시냇물 소리는
산자락 주민들 단잠까지 휘몰아
밤새 꽹과리 치며 흘러가는
경이로운 밤
일회용 플라스틱 비닐이 온 강물을 삼킨다

청소를 위해
저 소리에 세제라도 섞는다면
아찔한 현기증이 인다

깔끔, 뭐 그리 중요해
새들이 면도하는 거 봤나?

더 좋은 세상 꿈 꾼답시고
저지른 자연 훼손에
지구는 아프고
파멸의 흐느낌 따라
생물들 시름시름 죽어가는데

>

목숨 집어 먹는 화학물질
봄 꽃잎 지게 하니
내 사랑하는 사람들 신음이
산불처럼 번지고 있다

시감상 | 이서빈

폭설이 내려 하우스가 무너지고 폭우가 쏟아져 산이 무너지고 폭염으로 과일들이 떫은 맛도 들기전에 까맣게 썩어 떨어지고 벌들도 지구를 떠나갔다.

날이 갈수록 기상이변은 예측불가능한 쪽으로 달려간다.

이 위급한 상황에 고윤옥 시인이 쓴 「파란 깨달음」을 한 번 쯤 읽어 봤으면 한다.

자본주의에서 우리 생활이란 것이 습관처럼 반복된다는 말을 시인은

'장사꾼은 돈돈돈

농사꾼은 열매열매열매

정치꾼은 권모술수로 가득'차고

'부잣집 곳간엔 욕심이

없는 집 부엌엔 가난이 가득하다' 그 과정에서

'짓 밟힌 지구는 안간힘으로 버티는데' 인간들은 앞으로앞으로만 달려간다.

잠시 숨을 고르고 하늘 한 번 올려다 볼 시간도 없이 살다가 이제 온지구가 진멸할 지경에 이르렀다.

'장사꾼에게 불황이

농사꾼에게 태풍이

정치꾼에게 성난 민심이
창을 들고 덤벼들 수도 있다는 걸 파랗게 깨닫는 날'

이미 너무 멀리와 버린 건 아닐까? 두려움을 시 이랑마다 가득 심어놓았다.

또 '푸른빗소리'에서는 이제 빗소리가 푸르게 들릴만큼 세계적으로 부족한 물난리를 말한다. 산불이 나서 산은 다 타들어가는데 물이 부족해 이웃 고장 저수지 물까지 날라야 하는 고초를 겪고 물 때문에 지역간에 싸움이 일어나고 '물 쓰듯이 쓴다'는 속담이 있을만큼 풍부하던 물이 이제 인간의 삶마저 위협하고 있으니 시인은 한 마디로 인간의 마음에 피가 철철 흐르도록 회초리를 치고 있다.

'처마밑 제비 지저귐도
수양버들 머릿결도 물기를 털어
목마른 사슴에게
양떼에게 갈증 난 인간에게
숨통을 튀워 주었다'고. 그리고 더 이상 지구에는 빗소리도 들을 수 없어

생물들은 '빗소리를 입양해 키우'며 '푸른빗소리는 지구의 눈물이다'라고 단언한다.

그 말에 그렇지 않아도 현기증이 이는데 시인은 「현기증」이란 제목으로 또 다시 끌고 다니며 깨달음을 강요한다.

'온갖 것들을 싹쓸이 하고 있는 물소리
일회용 플라스틱 비닐이 온 강물을 삼킨

청소를 위해
저 소리에 세제라도 섞는다면
아찔한 현기증이 인다
더 좋은 세상 꿈 꾼답시고
저지른 자연 훼손에
지구는 아프고
생물들 시름시름 죽어가는데
목숨 집어 먹는 화학물질
봄 꽃잎 지게 하니
내 사랑하는 사람들 신음이
산불처럼 번지고 있다.'

그렇다면 올 때까지 다 왔다는 말인가?

그래도, 그렇다고 하더라도 한 가닥 희망을 가져보고 싶다.

우리나라는 어느 나라보다 손전화 보급률이 높다.

이 문명을 위해 지구가 이렇게 되었으니 이 문명으로 지구를 다시 치료할 방법을 찾았으면 좋겠다.

환경을 걱정하며 환경시를 쓰고 있는 시인들을 보며 떠오르는 생각이 있다.

에스엔에스SNS를 통해 작은 것부터 실천하는 운동을 벌이는 것이다.

예를 들어 개인 텀블러 들고 다니기, 1회용 쓰지 않기, 콘센트 뽑기, 에어컨 대신 선풍기 틀기, 장바구니 들고 다니기, 플라스틱 폐기물 줄이기 등등 할 수 있는 일들을 찾아 수시로 문자를 보

내면 경각심이 일지 않을까? 기업이나 정부는 자신들이 벌인 일에는 책임지지 않으면서 말로만 그린워싱Greenwashing하는 동안 그들의 행보는 기후위기 극복과 정 반대로 가고 있다. 앞다투어 주택공급 개발공약 도시계획 같은 일만 부르짖고 있다.

'오징어 게임'의 대사 중에서 '제발 그만 해. 이러다가 우리 다 죽어!'라는 말이 귓속을 쟁쟁 울린다. 기업이나 정부관료들이 시인들의 애간장 끊어지는 시편들을 제발 좀 읽어 주면 좋겠다. 아니 지구의 눈물을 닦아주면 좋겠다.

고윤옥 시인의 시에는 오징어 게임의 말보다 더한 은유가 들어있다.

이 시대를 살아가는 진정한 시인정신이 아닐까? 이 시들이 오징어 게임보다 천 배 만 배 더 큰소리가 되어 세상 사람들에게 가 닿기를 바란다.

슬픔이 곰삭다 외 2편

권 택 용

주문 외듯 견디며 꿈 피울 날 기다렸다
색동다리보다 영롱한 세상

불볕더위 혹한추위가
꿈 모두 지웠다

쓰레기산이 여기 저기 솟아나 자라고
악취가 지구를 둘러싸고
이리저리 떠돌던 바람도 냄새에 물들었다

풀벌레 소리 멎고
야생동물 사라지고
인간이
쓰고버린 시간들
불협화음으로 슬픔을 곰삭이고 있다

해바라기꽃 필 무렵

언제부턴가 장점마을엔
장례를 일상으로 받아들여야 했다
한 집 건너 한 집 암환자가 발생했다

비료공장 악취 오염 문제를 제기하기 시작한지 17년
환경부는 화학공장 집단 암발병 인과관계 인정

비료공장은 담배 만들고
남은 찌꺼기인 연초막을 이용해 유기질 비료 생산했다
제1군 발암물질 발생
퇴비에만 사용할 수 있는 연초막 유기질을 비료 생산에 사용했다
장점마을 주민 88명중
18명이 암으로 숨졌고 12명이 투병중이다
집단 암발병 마을되었다

생명보다 돈이 소중한
화학공장 사장도 폐암으로 숨졌다
오폐수 정화시설 공기오염 방지시설도 마을을 지켜주지 못했다

해바라기꽃 필 무렵 장점마을*은 단점마을이 되고 말았다

* 장점마을은 전북 익산시 함라면 신등리에 있음.

해충害蟲과 비유比喻

가난과 추위가 살던 시절
사람피 빨아먹기위해 달려들던
그 많던 이, 벼룩, 빈대는 어디로 갔을까?
외국으로 이민을 갔을까?

이 벼룩 빈대가 수군댄다
대한민국에는 도저히 살 수 없어 멀리멀리 갔다고
집도 옷도 몸도 모두 깨끗하고 머리도 자주 감고
공중 화장실까지 깨끗하여 아주 멀리 갔다고

실용성 편리성이 뛰어나고 비유까지 완벽하게 만든 한글은 지금도
이 잡듯 하고
벼룩 간을 내먹고
벼룩 간이 불알만하게 하고
벼룩 간에 육간 대청을 짓고
빈대 붙기도 하고
빈대 잡다 초가삼간도 태우고

세종대왕은 神의 대왕이다

시감상 | 이서빈

권택용 시인은 푸른 미래를 위한 공간을 짓는 마음으로 환경시를 쓴 것 같다.

그러나 인간은 낡은 습관을 바꾸는 일은 그리 쉽지가 않다. 지구는 신음하고 있는데, 아니 당장 눈앞에 생활을 막을 정도로 겪고 있으면서도 기후변화에 대한 정부 대응 역시 긴박한 위기에 비추어보면 성장주의에서 벗어나지 못하고 있다.

그래서 아무리 큰 일도 하나에서 시작한다는 교훈을 되새기며 환경시를 쓰고 있는 시인들을 보면 그나마 희망이 보인다.

권택용 시인의 시도 환경을 걱정하는 시다. 「슬픔이 곰삭다」에서

'주문 외듯 견디며 꿈 피울 날 기다렸다
색동다리보다 영롱한 세상'

이라며 희망을 버리지 않고 있다.

그 희망꽃을 피워 영롱한 세상을 만들기 위해 사람들에게 경각심을 일깨우게 하는 시다.

'쓰레기산이 여기 저기 솟아나 자라고
악취가 지구를 둘러싸고
이리저리 떠돌던 바람도 냄새에 물들었다'

쓰레기를 태산처럼 실어나르고 있는 차들과 곳곳에 쓰레기들을 보면 답답하고 피가 거꾸로 솟는 느낌이 들 때가 많다. 그건

권택용 시인도 마찬가지인 것이다. 이대로 자본에 발전만 꾀하면 머지 않아

'풀벌레 소리 멎고

야생동물 사라지고

인간이

쓰고버린 시간들

불협화음으로 슬픔을 곰삭이'는 삭막한 지구에서 살아야 할 것이다. 아니, 이런 지구에서는 어떤 생물도 살지 못하게 될 것이다.

그러니 죽어가는 지구를 살리자는 말이다. 시인은「해바라기 필 무렵」에서

'언제부턴가 장점마을엔

장례를 일상으로 받아들여야 했다

한 집 건너 한 집 암환자가 발생'한 한 마을을 고발하고 있다.

'비료공장 악취 오염 문제를 제기하기 시작한지 17년

환경부는 화학공장

집단 암발병 인과관계 인정'을 했다.

그렇지만 그건 이미 폐가가 된 한 마을에 아무것도 해줄 수 없다.

'장점마을 주민 88명중

18명이 암으로 숨졌고 12명이 투병중이다

집단 암발병 마을되었다

생명보다 돈이 소중한

화학공장 사장도 폐암으로 숨졌다

오폐수 정화시설 공기오염 방지시설도 마을을 지켜주지 못했다'고 고발한다.

다음시 「해충害蟲과 비유比喩」에서는

'가난과 추위가 살던 시절'을 호명하며 그 시대를 그리워한다.

'그 많던 이, 벼룩, 빈대는 어디로 갔을까?'라고 되묻는다.

'실용성 편리성이 뛰어나고 비유까지 완벽하게 만든 한글은 지금도

이 잡듯 하고

벼룩 간을 내먹고

벼룩 간이 불알만하게 하고

벼룩 간에 육간 대청을 짓고

빈대 붙기도 하고

빈대 잡다 초가삼간도 태우고

세종대왕은 神의 대왕이다'며 인간의 욕심이 어디까지인가를 보여주고 있다.

미국 정치철학자이며 뉴스쿨 교수인 낸시 프레이저Nancy Fraser는 '식인 자본주의cannibal capitalism의 부상'이라며 명명한 임박한 재앙, 그러니까 자본주의가 삶의 모든 영역을 침범함으로써 자본주의 자체의 더 중요하게는 우리 자신의 생존조건을 파괴할 수도 있다는 전망을 내놓았다.

즉, 자연 혹은 생태 배경 조건들에 대해서 유사한 주장을 한다.

자본주의적 생산과 축적은 생산이 의존하는 물질들 즉, 원자재 에너지원, 폐기물 처리 공간의 확보 가능성은 전제하고 이런 조건이 위태로워지면 역시 일을 망칠 수 있다. 지금 코로나 19는 생태적 기능장애 현상이다.

이 바이러스는 기후변화와 개발이 야기한 생물종 이동의 결과로서 천산갑 같은 매개 종을 거쳐 박쥐로부터 우리에게 옮겨오는 인수공통감염을 통해 인간에 대한 위협으로 부상했다.

그 결과 경제 시스템이 엄청나게 수축되었다.

코로나 19는 반대 방향으로 흘러가는 인과관계의 정말로 훌륭한 사례다.

인간은 한계없이 자본을 축적하고 가치를 팽창하려 하는 절대적인 강박, 큰 돈을 벌고 아름다운 저택으로 물러나 삶을 즐기며 번 돈을 다 쓸 수 있는 경제가 아니고, 점점 더 많은 잉여가치, 점점 더 많은 이윤, 점점 더 커져가는 자본을 낳는 것을 목표로 재투자하려는 강박이 존재한다.

그 자본 팽창 충동은 무자비하고 맹목적인 강박이며 시스템 자체에 내장된 것이다.(—미국 잡지『자코뱅』에 실린 것을 옮김, 창비 21)라고 인간의 과잉욕망이 오늘의 사태를 유발했다고 한다.

권택용 시인의 시도 낸시 프레이저의 말처럼 인간 욕심 때문에 지구가 인간에게 공격하도록 한다는 걸 잘 보여주고 있다.

이 시편들이 바람을 타고 지구촌을 비행해 지구가 살아나는데 기여하면 좋겠다.

손이 부끄러운 날 외 2편

우 재 호

봄 알리는 철새 소리 들을 수 없다
아침을 물어 나르며
노랫소리 핏톨처럼 혈관을 흘러다니던 새들
거대한 무덤으로 변하고
느릅나무 썩은 잎 먹은 지렁이
불임으로 어두운 그림자 드리웠다

살충제 살포 후 사라졌던 해충들
다시 돌아오는데
새들은 다시 올 수 없어 신나는 해충

신은 이 우주 모든 생물체에게
머리 벗겨주고
단추 여며주고
눈물 닦아주고
함께 살아가라고 인간에게 손을 주었는데
손으로 해서는 안 될 죄를 뿌리고 있는 인간

손이 부끄러운 날이다

상 처

가로수 줄지어 서있다

가로수 관리 명분
나무 살에 박은 못
어린나무 자라
인식표 나무살 속 파고 들어갔다

가슴팍 뚫고 들어온 쇠못, 양철 인식표

전사한 군인 수습 못할 때
인식표 입에 넣고 턱을 걷어차면
입속 턱뼈 속에 인식표가
고정되어 시간이 지나도
신분 확인할 수 있다는데

살아있는 나무 몸에
인식표 못 박아놓은
영혼 없는 사람들

피 철철 흘리며 아픔 견뎌냈을 나무

몸속 박힌 쇠독 녹이며
태풍과 가뭄과 병충해와 균
죽을힘 다해 버텨온 나무

골고다 언덕에서
사람들 죄 대신한
신의 아들 예수의 모습 본다.

공공의 적

장마 지나간 강가
깊게 패인 상처 뚜렷하다

떠내려온 쓰레기에 홍역을 앓는 강물

양심에 다닥다닥 털붙은 사람들
쓰레기 돈 안들이고 처리했으니
번돈 세고 있겠다

염색 피혁 공장
비만 오면 모아놓은 폐수
하수구로 흘려보내 물을 괴롭힌다

계곡에서 떠내려온
나뭇가지, 비닐, 플라스틱, 타이어
다 모아놓고 불을 지른다
매캐한 연기 온 동네 휘감아돈다

웅덩이 갇힌 붕어들 몸부림

>

공공을 위한 근로가
공공의 적이 되어
독가스 살포해
지구 평화 위협한다.

시감상 | 이서빈

우재호 시인의 시 「손이 부끄러운 날」을 읽는다.

참혹함에 물드는가 싶으면 어느새 뉘우쳐야 함이고, 한 발자국 더 나아가면

'봄 알리는 철새 소리 들을 수 없'는 탕자가 되는 느낌이다.

'아침을 물어 나르며

노랫소리 핏톨처럼 혈관을 흘러다니던 새들

거대한 무덤으로 변하고

불임으로 어두운 그림자 드리웠다.' 햇빛마저도 서늘하게 느껴지는 대목이다.

무엇으로 형언할 수 없는 불안이 상극相剋이 되어 부조화로 치달은 불임에 혼성교배라도 해야 할까?

'신은 이 우주 모든 생물체에게

머리 벗겨주고

단추 여며주고

눈물 닦아주고

함께 살아가라고 인간에게 손을 주었는데

손으로 해서는 안 될 죄를 뿌리고 있는 인간

손이 부끄러운 날이다'며 직선적인 칼날을 가차없이 휘두르다

슬그머니 손이 부끄럽다고 사람들에게 말미를 준다.

시인은 말하는 것이다.

새는 손이 없어도 허공을 자유로이 날아다니는데 인간은 함께 쓰다듬으라는 손으로 새만도 못한 짓을 하고 있다고 풍자 해학으로 사람들이 다시 한 번 손을 들여다보게 만드는 것이다. 다음 시「상처」에서도 그 면모를 엿볼 수 있다.

'가로수 관리 명분
나무살에 박은 못
어린나무 자라
인식표 나무살 속 파고 들어갔다
살아있는 나무 몸에
인식표 못 박아놓은
영혼 없는 사람들'에게 호령한다.
'피 철철 흘리며 아픔 견'디는 나무가 보이지 않느냐고.

시인은「공공의 적」에서도
'장마 지나간 강가
깊게 패인 상처 뚜렷하다
떠내려온 쓰레기에 홍역을 앓는 강물
양심에 다닥다닥 털붙은 사람들
쓰레기 돈 안들이고 처리 했으니
번돈 세고 있겠다'며 양심을 팔아 이익을 챙기는 사람들을 양심에 털붙은 사람들이라고 맹렬히 비난하고 있다.

우재호 시인의 시에 문득, 어느 선사의 시구가 걸어들어온다.

'끌어 모아서 얽어매면, 한 칸의 초가집,

풀어헤치면 본래의 들판인 것을!'

그렇다, 흥청망청 쓰고 아무리 끌어모아도 들판에 허물어져 가는 초가집에 불과한 인간이 무슨 욕심이 그리도 많은가?

언젠가는 반드시 들판이 되고 말 사람들아!

어찌 양심까지 팔아가며 지구를 망가뜨리고 있느냐며 호되게 나무라고 있다.

'염색 피혁 공장
비만 오면 모아놓은 폐수
하수구로 흘려보내 물을 괴롭힌다
계곡에서 떠내려온
나뭇가지, 비닐, 플라스틱, 타이어
다 모아놓고 불을 지른다
매캐한 연기 온 동네 휘감아돈다
공공을 위한 근로가
공공의 적이 되어
독가스 살포해
지구 평화 위협한다.'

며 논리적이고 명징한 의미를 통한, 미나 형식을 취하는 흔한 시각이 아닌 현대 시대의 조건을 충족시킨다.

격한 감정을 표출해 극대화하고 있다. 서정적 정서가 깔린 아름다운 시가 아닌 우선 급한 불을 꺼야하는 절박한 심정이 담긴 시다.

꽃이 피고 새가 우는 아름다운 시를 서정적으로 표출하고 더 나아가 감각적으로 형상화 한 시가 아무리 좋은 시라 하더라도 자연 조건에 순응하지 못한 관조의 결과물은 자연 친화적 시상마저도 접근하지 못하게 하는 것을 현시대를 사는 사람이라면 누구든 고개를 끄덕일 것이다.

우시인은 열정과 저항적 에너지를 결속하여 자신의 리얼리즘 시학을 완성하며 어느 것이 먼저이고 나중인 걸 분명하게 직시하고 시를 쓰는 시인이다.

자연 법칙인 시적 현실에 담담하게 자신있고 소신있게 존재적 가치를 생각하고 자연을 살린 후에야 절대적인 사랑에 이를 수 있는 파토스pathos를 부인할 수 없다. 더 크고 넓은 세계에 도달하려면 인간들이 욕망 심지를 낮추자고 외치는, 지구의 입장에서 보면 단연 빛나는 시편들이다.

인간다운 삶을 살 수 있는 저항성을 선명하게 보여주는 우시인의 시편들은 세계로 나아가 자연과 인간이 함께 살아야 함을 외칠 것이다.

특별한 만남 외 2편

이 정 화

며칠 째 세계적인 영화 한 편이 상영된다
전철역 도서관 길거리
검고 흰 입마개가 둥둥둥 떠다닌다

상상할 수 없던 오늘이
홍수로 범람하고 있다

학교 유치원 관공서 식당 시장 휴식중이다
'배달만 합니다'
'식당 내 식사는 안 됩니다.' 안내문이 유리창을 지키고

뻥튀기처럼 부풀려 하늘을 날아다니는 전염
언제까지 얼마나 불어나야 세상을 다 지울까

몇 억 명이 하늘별 되어 올라 갈거라는 예언들이
손전화를 타고 거침없이 달려온다

영혼의 수가 불어날 때마다 하늘나라 동네서
판도라상자가 열린다는 소문이
오르락내리락 시이소를 타고 있다

>

세상에서 제일 무서운 소문이
꽃무리처럼 피고지고
지구는 하나둘 가게 폐업신고를 늘리고 있다

팽귄나라

환한 시간 갑자기 멈췄다
심장 송두리째 뒤흔든 격정
뒷걸음질 모르는 욕망빛

오메가3 지방산
황산화 살빼기 뇌세포구성성분
이것저것 허구를 만들어
크릴새우 영혼을 팔아넘긴다

고래와 팽귄 먹이를 빼앗아 먹고
자연과 이어지는 순환고리 통로 끊은 인간

인간의 욕망 먹고 사는 균들
이제
사람 욕망에 공격을 시작했다

두려움

5백여 년 동안
수백 번 변종으로 살아남은 토마토
작고 쓴맛이던 과일
세계 먹거리로 탈바꿈했다

벌나비 수정 어려워
유전자조작으로 살충제와 살균제 줄이는
저항력 생겼다고 환호했는데
병충해 내성 또 다른
특이변종 지구 위협한다

거대기업이 주도하던 신기술
유전자조작작물표시 거부했던 강대국
몬트리올회담 유전자조작작물이 불러올 파괴적 영향 인지認知
원하지 않는 식품 피할 수 있는 자유 얻었다

유해성有害性 증명되지 않고
변이가 계속되면 어떤 세상이 될까
어떤 종이 탄생할까

>

물고기에 뿔이 나고
돼지에 날개가 달리고
새들에게 손이 달릴까?

알 수 없는 두려움이 지구를 강타하지만
인간들은 깜깜 아무렇지도 않다
유전자 조작된 씨앗 다루는 농림부
가공식품을 관리하는 보건복지부
깜깜 정부
무방비 소비자
무얼 먹고 살아야 할지

시감상 | 이서빈

이정화 시인의 시숲을 거닐어본다.

「특별한 만남」 제목부터 만만찮은 시다. 이 시들은 신음하는 지구를 살리기 위한 절박함이 적나라하게 드러나있다.

물고기가 집단폐사하고, 산불이 끊임없이 일어나고, 빙하가 녹아내리고, 펭귄은 미아가 되고, 메뚜기떼가 출몰하고, 전염병이 창궐하고, 생태계는 이제 갈곳까지 가버렸다는 심정이 시인이 시를 쓰지 않고는 숨을 쉴 수없게 만들었을 것이다.

'며칠 째 세계적인 영화 한 편이 상영된다.

전철역 도서관 길거리 검고흰 입마개가 둥둥둥 떠다닌다.'

오늘의 우리 인류에게 직면한 현실이 슬라이드slide처럼 지나가게 한다.

그야말로

'상상할 수 없던 오늘이

홍수로 범람하고 있'는 것이다.

'학교 유치원 관공서 식당 시장 휴식중이다'

'배달만 합니다'

'식당 내 식사는 안 됩니다.'

안내문이 유리창을 지키고'

뻥튀기처럼 부풀려 하늘을 날아다니는 전염
언제까지 얼마나 불어나야 세상을 다 지울까'라고 시인은 절박함을 외치고 있다.

'몇 억 명이 하늘별되어 올라 갈거라는 예언들이
손전화를 타고 거침없이 달려온다'며
'판도라상자가 열린다는 소문'을 시인은

'세상에서 제일 무서운 소문이
꽃무리처럼 피고지고
지구는 하나 둘 가게 폐업신고를 늘리고 있다.'
인간 역시 위기에 왔으니 성찰을 하라는 시구詩句에 비애悲哀가 서릿발처럼 성성하다.
시인은「팽귄나라」에서 직설을 서슴치 않고 쏟아낸다.
'환한 시간 갑자기 멈췄다.' 곧 어둠이 밀려온다는 절박함이
'심장 송두리째 뒤흔'들지만 인간은
'뒷걸음질 모르는 욕망빛'에 취해 앞으로만 달려감을 맹렬히 비판하는 것이다.

이것저것 허구를 만들어
크릴새우 영혼을 팔아넘'기고
고래와 팽귄 먹이를 빼앗아 먹고
자연과 이어지는 순환고리 통로 끊은 인간
인간의 욕망 먹고 사는 균들

사람 욕망에 공격을 시작했다.'

이래도 계속 앞으로만 나아갈 것인가?

시인은 시인의 소임이 무엇인지 뚜렷이 아는 시인이다.

'서로 이해하며 서로 짝하고 살아가는 만물의 이법'인 장자의 '산목편' 까치이야기도 읽지 못했느냐며 호통을 치고 있는 시편들이다.

시인의 시를 두려워하며 '두려움'을 따라 걸어가보자.

「두려움」이란 시에서 시인은

'벌나비 수정 어려워
유전자조작으로 살충제와 살균제 줄이는
저항력 생겼다고 환호했는데
병충해 내성 또 다른
특이변종 지구 위협한'다 토로하며 새로운 전염병이 지구에 끊임없이 출몰할 것을 경고한다.

'거대기업이 주도하던 신기술
유전자조작작물표시 거부했던 강대국
유해성有害性 증명되지 않고
변이가 계속되면 어떤 세상이 될까
어떤 종이 탄생할까
물고기에 뿔이 나고
돼지에 날개가 달리고
새들에게 손이 달릴까?

알 수 없는 두려움이 지구를 강타하지만
인간들은 깜깜 아무렇지도 않다.
깜깜 정부
무방비 소비자
무얼 먹고 살아야 할지.'

이정화 시인의 시를 숨막히게 읽어 내려가다 보면 세상을 바꾼 인물, 세상을 변하게 한 책 한 권이 생각난다. 펜실베이니아에서 태어난 레이첼 카슨이 쓴 『침묵의 봄』이란 20세기 환경학 최고의 고전이라 일컫는 책이다.

그녀의 삶을 가장 빛나게 해준 책, '무분별한 살충제 사용으로 파괴되는 야생물계의 모습을 적나라하게 파헤친 책이지만 언론의 비난과 이 책의 출판을 막으려는 화학업계의 거센 방해에도 그는 환경 문제에 대한 새로운 대중적인 인식을 끌어내 대중들에게 새로운 인식을 심어주고 이를 계기로 지구의 날(4월 22일)이 제정되었다.'(『침묵의 봄』 중에서)

칸트는 숭고를 '수학적 숭고'와 '역동적 숭고'로 나누어 설명하는데 역동적 숭고는 인간의 자기 긍정과 연결되어있다고 한다.

예컨대 '한순간에 대지의 형체를 뒤집어버리는 폭풍, 하늘위로 치솟는 붉은 용암, 깊이를 알 수 없는 바다, 광활한 우주앞에서 느끼는 감정, 그것은 만일 우리가 폭풍의 한 복판에서 작은 조각배를 타고 집채 만한 파도에 둘러싸여 실제로 목숨이 경각에 달려 있는 상황에서라면 느낄 수 없는 감정이다.

한계에 부딪히는 고통을 경험하게 된 인간은 두려움과 초라함을 느낄 수밖에 없다'고 말했다.

끝없는 우주앞에 하나의 작은 점같은 미미한 인간의 존재를 부각시켜 끝없는 절망의 나락으로 추락시킨다.

이렇게 자연앞에서 겸손해져야 함을 말하는 칸트의 역동적 숭고와 죽어서도 살아외치는 레이첼 카슨의 지구를 향한 숭고함의 계보를 이어 이정화 시인의 이 환경시가 인류 미래와 자연을 치료할 수 있는 불길이 되어 지구 곳곳으로 번지길 기대한다.

4부

신神 대합실 외 2편

글 빛 나

어두운 강물에
달빛이 목욕 중이다

신神 대합실
안대 쓴 부엉이 신
채소영안실 지키는 냉장고 신
아귀 웃음 펄럭이는 비닐 신
앙큼 야비 코로나 신
시끌벅적 떠들어 대네

피켓 들고 시위하는 생태 신
강 살려내라!
숲 살려내라!
지구 살려내라!

하루

목소리를 잠근다.
웃음기 시든 바람이 핼쑥하다

낮하늘엔
미세먼지에 죽은 달의 시체가
희미하게 떠있다

뒤척이는 알람시계
빗소리 환청에
농부 헐레벌떡 논으로 뛰어간다
물소리 말라붙은 빈 논에
근심씨 훌훌 뿌린다.

껄껄껄 껄껄껄 농부의 웃음소리에
거북등처럼 갈라진 논바닥

비 없는 날이 많아
이리저리 흔들리는 봄
꿀 빼앗긴 꿀벌 벌 없는 시절엔 열매도 없어
울음보 터진 꽃나무들

바스라질듯 혼절없는 하루

돼지의 말씀

허 고놈 보소!
웃음에 타박을 덮는다.

납죽납죽 석고대죄
봉투로 입 틀어막고
기우제를 지낸다

더럽고 비좁은 우리에 가둬놓고
튼실해라
마이 묵어라
몸무게 늘려 끌려간 도살장
허허롭게 도살된 목숨

죽은 머리 고사상에 올려놓고
절하며 소원비는 게걸스런 인간 욕망
정신 차려!
돼지에게 절하고 소원비는
돼지만도 못한 새끼들아!

시감상 | 이서빈

글빛나 시인의 시를 읽으려다 멈칫한다.

신비하고 으스스한 「신神 대합실」이 제목대문에 떡 버티고 서 있기 때문이다.

그래서 조심조심 따라가다 섬뜩한 장면을 목격한다.

'어두운 강물에
달빛이 목욕 중'
인 곳을 지나다가 심장박동이 멎을듯한 광경을 본다.

'피켓 들고 시위하는 생태 신
강 살려내라!
숲 살려내라!
지구 살려내라!'

신 대합실에서 피켓을 들고 강 살려내라, 숲 살려내라고 외치는 저 붉은 함성을 어떻게 해야 잠재울 수 있을지 이 지구에 살고 있는 모든 사람들이 저 신 대합실을 한 번 쯤 가 보길 권고 한다. 그리고 저 시위를 멈출 수 있게 해야 한다.

다음 시인의 「하루」라는 시를 열면

'목소리를 잠근다.

웃음기 시든 바람이 핼쑥하'고

'낮하늘엔

미세먼지에 죽은 달의 시체가

희미하게 떠있다'

감히 무슨 목소리가 나오겠는가? 바람조차 웃음기가 시들고 핼쑥한데.

낮하늘엔 미세먼지를 먹고 죽은 달의 시체가 떠 있단다.

우리는 이 풍경을 한 번이라도 보았는가?

가뭄에 논바닥이 쩍쩍 갈라져 애가 타들어가는 모습을 시인은

'빗소리 환청에

농부 헐레벌떡 논으로 뛰어간다

물소리 말라붙은 빈 논에

근심씨 훌훌 뿌린다.'

농부의 애간장 끊어지는 심정을 표현하고 있다.

'껄껄껄 껄껄껄 농부의 웃음소리에

거북등처럼 갈라진 논바닥'

이라고 한다. 사람이 너무 힘들면 헛웃음이 나고 기쁘면 오히려 울음이 터진다.

시인은 농부의 헛웃음에 거북등처럼 논바닥이 갈라진다고 말한다. 처연한 대목이다.

또 '꿀 빼앗긴 꿀벌 벌 없는 시절엔 열매도 없어 울음보 터진 꽃

나무들' 때문에 시인은 '바스라질듯 혼절없는 하루'라고 넋을 놓는다. 인간의 끊임없는 욕망 때문에 환경이 이렇게 망가지고 전염병이 창궐한다는 말을 '돼지의 말씀'으로 한 방 먹이고 있다.

허 고놈 보소!
웃음에 타박을 덮는다.
납죽납죽 석고대죄
봉투로 입 틀어막고
기우제를 지낸다
더럽고 비좁은 우리에 가둬놓고
튼실해라
마이 묵어라
몸무게 늘려 끌려간 도살장
허허롭게 도살된 목숨
죽은 머리 고사상에 올려놓고
절하며 소원비는 게걸스런 인간 욕망
정신 차려!
돼지에게 절하고 소원비는
돼지만도 못한 새끼들아!

더럽고 비좁은 우리에 가둬놓고 사육해서 도살장에 끌려간 돼지의 말씀이 인간의 백 마디보다 더 가슴을 아프게 한다.

돼지만도 못한 새끼들아 정신차리라고. 환경 때문에 고통스러운 현실이 준 절망감은 우리 모두의 고통으로 사람이 하지 않으니 돼지의 말씀으로 전하는 것이다. 이탈리아 사상가 프랑코 비포 베라르디는 '미래 가능성'에서 '디스크로dyschronia*'라는 용어를 사용하며 이것이 현대의 정서적 고통의 원인이라고 했다.

그는 의식과 감정은 정교해지기 위한 시간이 필요하지만 급변하는 정보 과잉의 시대에 많은 사람들이 시간을 갖지 못한다. 이로 인해 발생하는 디스크로니아, 즉 '체험된 시간'의 병적 측면으로 인해 그들의 내면은 황폐해진다.

현대를 지배하는 권력의 주체는 단연코 자본이다.

미래 가능성에서 그는 자본, 즉 신자유주의의 지배 아래서 권력에 의한 세뇌를 당하고 있으며 그 결과로 사유 기능이 둔화되고 있다고 말한다.

혼란속에서 가장 안타까운 사실은 우리가 권력의 메커니즘을 망각함과 동시에 이에 적응하고 있다는 것이다. 망각은 결국 비참에 귀착한다.

그는 자본의 신기루에서 눈을 돌려 현실에 새겨진 다양한 가능성에 눈길을 줄 것을 권고하고 있다. 시대의 가장 큰 병증은 환경이다.

내면을 파괴하는 디스크로니아를 벗어날 대책은 무엇인가?

글빛나 시인의 환경시편들을 보면서 우리 모두 함께 고민해야 죽어가는 지구를 치유할 수 있을 것 같다.

이 시편들이 세계 구석구석 날아가 지구를 살리는 일에 지표가 되길 기대해 본다.

* 지속의 질병, '체험된 시간'의 병리.

두 살배기 여행 외 2편

김 일 순

'비가 오네!
비도 함께 여행 가려고 왔네.'

두 살배기 말을 차에 싣고 여행을 떠난다.
빗소리를 가르며 낯선 산길 달린다.
바람 흰머리 풀어 차창에 덤벼들고
검은 손 흐느적대며 겁을 뿌린다.
심장 소름 돋고 뽕짝 메들리 차 가득 춤춘다.

어둠 헬쑥할 즈음 가시에 긁히고 옷이 찢어져 마음밭이 훼손되었다.
젖은 마음으로 바닷길 걷다 고래 뱃속을 구경했다.
플라스틱 비닐 먹이로 채운 배
방금 혼례 올린 인어 한 쌍
쓰레기부케 안고 바다에서 나오는 바다 체험 영화를 관람했다.

초보 여행길에 콧노래 부르던 두 살배기 말
다음 여행엔
고래에게 줄 플라스틱과 비닐과
인어에게 줄 쓰레기부케 사 가지고 오잔다.

꿈속에서

하늘과 땅 사이가 부옇습니다.
개와 늑대의 시간처럼 시야가 불분명합니다.
밤만이 암흑은 아닙니다.
환한 대낮에도 보지 못하면 암흑입니다.

오래전
담장 안마당에 바지랑대 걸친 길다란 줄에 국기가 펄럭거렸습니다.
어느집엔 다리, 어느집엔 팔,어느집엔 치맛자락 국기가 눈이 부셨습니다.
바람이 싣고 온 푸른햇빛 먹은 뽀송뽀송한 국기에 얼굴을 묻으면
엄마 품냄새가 싱그럽고 아늑했습니다.

지금은
고비사막을 건너 집 안마당까지 온 모래바람 떼가 국기를 집 안에 가뒀습니다.
꿈속에서
국기를 다시 펄럭이게 하기위해 몽골로 갔습니다.
그곳에서 나무를 심고 꽃을 심다
환하게 웃는 엄마를 만났습니다.
미세먼지를 마시다 돌아가신 엄마가 자식들을 위해
허리굽혀 나무를 심고 있었습니다.

엄니의 유산

있는 힘 다해 목숨 놓았다.
숨 드나들던 길 하얀솜으로 막았다.
습 마친 이마 찬바람 쏘이고 흔들면 깰 것 같다.
흰옷 한 벌 입고 버선 신고
신발도 없이 저 세상으로 건너갔다

들썩이는 어깨에 울음 하얗게 부서지고
망자를 안아 구름에 뉘였다.
산중턱 만장이 펄럭이고
선소리 상여가 저승을 향해 가고 있다

솔기 나달나달한 옷들이 서랍에 가지런하다.
여봐라 할 고급진 것 하나도 없다.
아끼고 꿍쳐 자식 키웠다
처음은 505뜨개실로 짠 큰 딸 웃옷이었다
몇 번을 풀어 주전자 주둥이 수증기로
펴서 짠 당신 조끼와 사랑만 남겼다.
나머지는 미완으로 남겨두고 맘 한 복판에서 끄덕도 않는 엄니

아껴라 아껴라,

낭비가 심하다던 말씀
죽는 날까지 코로나 때문에 문상을 가두고 가셨다.
엄니가 옳았다.
우리는 너무 과용 과소비 과한 욕심 부렸다.
어머니 저승 가시며 남긴 유언 서랍장에 고스란히 남았다.

내게 환경시 한 수 지을 마음방 한 칸 남겨두고 가셨다.

시감상 | 이서빈

김일순 시인의 시는 해맑다. 너무 해맑아서 푸르다.

평생 공직생활만 해서 그렇기도 하겠지만 그것보단 어쩌면 환경이 너무 오염되어서 어린아이에게까지 교육을 시키지 않으면 안 된다는 절박함이 더 큰 것 같다.

그도 그럴것이 김일순 시인도 공직생활을 했지만 夫君께서도 군수를 지내신 애국자셨으니 아마도 애국하는 마음이 누구보다 커서 의도적으로 이런 시를 썼는지도 모르겠다.

'비가 오네! 비도 함께 여행 가려고 왔네.'

해맑고 천진난만한 두 살배기의 말을 차에 싣고 여행을 떠난다.

그러나 시인은 여행의 기쁨보다는

'젖은 마음으로 바닷길 걷다 고래 뱃속을 구경했다.
플라스틱 비닐 먹이로 채운 배
방금 혼례 올린 인어 한 쌍
쓰레기부케 안고 바다에서 나오는 바다 체험 영화를 관람했다.'

찔레꽃향기보다 더 슬프고 먹먹하고 어안이 벙벙해 말문이 막히는데 두 살배기 말이 상처에 소금을 뿌린듯 아리고쓰리게 다가온다.

'다음 여행엔

고래에게 줄 플라스틱과 비닐과

고래에게 줄 쓰레기부케 사 가지고 오잔다.'

이 어린 두 살배기에게 우리 어른들이 무슨말로 대답할 수 있는가?

부끄러움에 고개를 못 들게 하는 장면이다.

다음시 「꿈속에서」를 보면

'하늘과 땅 사이가 부옇습니다.

개와 늑대의 시간처럼 시야가 불분명합니다.

밤만이 암흑은 아닙니다.

환한 대낮에도 보지 못하면 암흑입니다.'

라며 연일 미세먼지로 뒤덮인 환경을 밤만이 암흑이 아니고 낮에도 못 보면 암흑이라고 말한다.

아마도 코로나19가 끝나도 쉽게 입가리개를 벗을 것 같지 않은 불안감이 시인을 이렇게 절망으로 이끌지 않았을까?

'지금은

고비사막을 건너 집 안마당까지 온 모래바람떼가 국기를 집안에 가뒀'다며 갇힌 답답함을 토로하고 있다.

여기서는 가망이 없다고 생각했는지

'꿈속에서

국기를 다시 펄럭이게 하기위해 몽골로 갔습니다

그곳에서 나무를 심고 꽃을 심다
환하게 웃는 엄마를 만났습니다.
미세먼지를 마시다 돌아가신 엄마가 자식들을 위해
허리굽혀 나무를 심고 있었습니다.'

고 어머니를 잃은 서글픔보다 나무를 심어 푸른숲이 우렁우렁 푸른산소를 내뿜게 하려는 염원을 더 간곡하게 바라는 것이다.

마음이 짠하다.

그 다음「엄니의 유산」을 보면 겨우

'흰옷 한 벌 입고 버선 신고
신발도 없이 저 세상으로 건너갔다.'

며 아무리 욕심을 부려도 아무것도 가져가지 못하고 모든 것을 둔 채 흰옷 한 벌 입고 버선신고 신발 한 컬레도 못 신고 저 세상으로 간다고 욕심을 비우라고 말하고 있다.

'솔기 나달나달한 옷들이 서랍에 가지런하다.
여봐라 할 고급진 것 하나도 없다.
아끼고 꿍쳐 자식 키우'며

'아껴라 아껴라, 낭비가 심하다던 말씀
죽는날까지 코로나 때문에 문상을 가두고 가셨다.'

아끼라고 아끼라고 말할 땐 아무말도 들리지 않고 마구 쓰고 버리고 살다가 지구가 더 이상 견디지 못하고 고열을 품어내며 끙끙 앓아 그 휴유증으로 어머니를 잃고 나서야 깨달은 것이다. 그래서 시인은 말한다.

'엄니가 옳았다. 우리는 너무 과용 과소비 과한 욕심 부렸다.
어머니 저승 가시며 남긴 유언
서랍장에 고스란히 남았다.
내게 환경시 한 수 지을 마음방 한 칸 남겨두고 가셨다.'
며 이제야 어머니 말씀이 절절이 가슴에 와 닿는 것이다.

우리 속담에 '소 잃고 외양간 고친다.'는 말이 있다.

인간이 전염병을 이기지 못하고 이렇게 죽어나가는데도 우리는 정신을 못 차리는 것 같다.

1회용 비닐부터 온갖 것들은 아무 거리낌없이, 아니 감각도 없이 마구 쓰고 버린다. 쓰레기 쓰레기 쓰레기. 도무지 소를 잃고도 외양간 고칠 생각을 않는 이유가 무얼까?

시인은 그 말을 빗대어
'내게 환경시 한 수 지을 마음방 한칸 남겨두고 가셨다'
며 우리 인간이 다 사라지기전에 정신 좀 차리자는 말을 하고 있는 것이다.

등골이 오싹하다. 개인적인 푸념이나 하소연같은 감정늪에 빠진 시들이 많은 이 시대에 이 시편들에서는 어머니의 죽음 두 살배기 아기까지 오로지 환경에 포커스를 맞추었다.

환경운동을 하고 있는 스웨덴의 크레타 툰베리처럼 거침없이 외치고 있는 이 시가 전 지구 구석구석 울려퍼지길 기대해본다.

양떼울음 듣는 밤 외 2편

이 옥

푸른목장을 기르는 하늘
초원 양떼는 계절을 먹고
자라는 풀은 양떼를 기르고 있어요
풀 풀 풀피리 불던 양치기 소년
양떼 찾아 휘파람이 헤매고
애타게 부르던 한나절은 돌아오지 않았지요
하늘엔 밤마다 양떼울음 가득했어요
꽃구름 모자구름 버섯구름
두루마리구름 깔때기구름
구름들 초원에 그림자 늘이고
흘러가는 것은 견딘다는 것
뭉게뭉게 땅에 붙어 한쪽으로 자란 세상
사철 구름만 올려다 보고 있어요
한 치 앞도 모르고 추락했던 시간 자동층계 타요
쭉쭉 내려오는 초고층건물 가까워지면
천둥소리 낯설어 때때로 약해지고
언젠가 강했을 자신도 되돌아봐요
구름이 신발 신고 산 오르면
바람은 허허로이 허공보고 허허 웃어요
하늘도 땅도 아닌 텅 빈 공간에서
수천만 년을 미완성으로 살고있는 양떼 울음
대를 잇는 물과 공기와 햇빛과 식물들에게 절을 올려요

회계보고서

지구는 숨을 거둘 것이다
시든 꽃처럼 떠날 준비를 한다

자연 긴 울음소리
알 낳고 자라 꼬물꼬물 잘 노는 무당벌레
뱀눈나비 날아다니고 점박이나방 팔랑거리는 숲
맑은 밤 서성이는 달빛
허기진 계절 무거워 아무 때나 날지 못하는 구름
손바닥에 올려놓는다

전생에 내 살이었을지도 모르는 뜬구름
화학물질 남용에 찌르레기 숨
희미해지고 모든 색채가 흐려진다
균들 침범에 자라지 못하는 푸른바람
허공에 퍼진 산그늘 날아다니는 부리
개체 수 줄어든다

해야할 일 지켜야할 일 말아야할 일
자연에 무관심한 인간
달 밖에 달 있어 갈 곳이 없는 어스름

밀어내지도 막아내지도 못하는 열기
우주 멸망시키는 무기
외로운 녹색슬픔 절망 그러안고
소용돌이처럼 꺼져내리고 있다
최후의 심판에 회계보고서 작성할 궁리를 하고 있다

괜찮을까요?

단 한 번 하루가 펄럭였어요
필요로 할 때도 있구나 느끼는 순간
버려지고 버림받은 날이 되었지요

물소리에 젖은 종이컵
빗소리로 국수 뽑아 먹고
여름 한 줄기 담아 버리는 비닐봉지
물소리 헐거워지는데 계절이 불어터진 것 아닌가요

맑음이란 단어가 생각나지 않네요
언젠가 정말 '안녕'할 수 있을까요
끊임없이
사력 다하면 재생이 가능할까요
변신에 변신 거듭하며
전생날개 팔랑이는 극한 축생
아침에 났다 저녁에 죽어도 한 평생 사는 것
필요없는 소문 사용하여
쓰레기 만들지 말아요
동물 쫓아낸 자리
시큼한 달빛 산더미로 쌓여

백 년이 넘어도 죽지 못하고 방치될 일회용
일회용에서 다회용으로 가면 조금 괜찮을까요

방독면 쓰고 허우적거리다 지상으로 올라가야만
공기 마실 수 있다고 야단법석일 미래
숨통 조일 미래 우리가 만들지 않았어요
모두 타인이 만들었지요

시감상 | 이서빈

환경시 특집이니만큼 이번에도 환경에 관한 시들을 살펴본다.

이옥 시인의 시 「양떼울음 듣는 밤」은 뭉게구름처럼 맑고 푸른 지구를 갈망하는 시다.

'푸른목장을 기르는 하늘
초원 양떼는 계절을 먹고
자라는 풀은 양떼를 기를' 수 있는 날이 지구에 많이 남아 있을까?

'하늘엔 밤마다 양떼울음 가득했'던 시절처럼 부드럽고 평화로웠던 시간을 지속할 수 있을까?

'한 치 앞도 모르고 추락했던 시간 자동층계 타요
쭉쭉 내려오는 초고층건물 가까워지면
바람은 허허로이 허공보고 허허 웃어요
하늘도 땅도 아닌 텅 빈 공간에서
수천만 년을 미완성으로 살고있는 양떼 울음
대를 잇는 물과 공기와 햇빛과 식물들에게 절을 올린'
다는 황홀한 꿈을 꾸며 환경과 무심한 자본주의를 보고 허허 웃는다.

시인은 이 양떼울음을 들을 수 있는 세월이 얼마나 남았을까?

불안한 마음을 살얼음 걷듯이 미래를 위한 공간을 확보해 나가다가 자신의 힘으로 어찌할 수 없는 안타까움을 느낀다.

그래서 물과 공기와 햇빛과 식물들에게 정중하게 절을 올린다.

인간이 살아가는데 가장 기본 조건인 물과 공기와 햇빛과 식물들에게 아주 낮은 자세로 무릎 꿇고 정중하게 절을 올리는 시인은 하늘에 어지러이 찍힌 새발자국과 새울음소리 그리고 양떼울음 소리를 지켜내야 하는 소명을 가진 자라는 것을 알고 있다.

그리고 물 공기 햇빛에게 정중하게 절을 올리는 겸손을 아는 것이다.

이상기후를 감지한 시인은 간절히 손모아 기도하는 심정으로 시를 쓴 듯하다.

그래서 다음 시「회계보고서」에서 시인은 촌철살인의 한 마디를 붓에 찍어 허공에 흩뿌린다.

'지구는 숨을 거둘 것이다
시든 꽃처럼 떠날 준비를 한다
자연 긴 울음소리
알 낳고 자라 꼬물꼬물 잘 노는 무당벌레
뱀눈나비 날아다니고 점박이나방 팔랑거리는 숲'

그리곤 더 이상 흉상의 소문이 허공에 떠돌지 않게 하려는 의미심장한 말을 잉크냄새 풀풀 날리며

'전생에 내 살이었을지도 모르는 뜬구름'이라며 구름을 전생 자신의 살이라는 원초적인 곳까지 파고들어간다.

‘화학물질 남용에 찌르레기 숨
희미해지고 모든 색채가 흐려진다
균들 침범에 자라지 못하는 푸른바람
개체 수 줄어든다’
그런데도
‘해야할 일 지켜야할 일 말아야할 일
자연에 무관심한 인간’ 이라고 말하고 있다.

‘최후의 심판에 회계보고서 작성할 궁리를 하고 있다’면 지구는 인간에게 어떤 심판을 내릴것인가?

시인 역시도 ‘괜찮을까요?’하고 반문을 한다.

‘맑음이란 단어가 생각나지 않’는다고 절박한 심정으로 해맑은 단어를 간절히 바라며 독자들의 공감을 불러들이고 ‘끊임없이/ 사력 다하면 재생이 가능할까요’라고 다시 지구에게 반문을 한다.

‘아침에 났다 저녁에 죽어도 한 평생 사는 것
필요없는 소문 사용하여
쓰레기 만들지 말아요
백 년이 넘어도 죽지 못하고 방치될 일회용
방독면 쓰고 허우적거리다 지상으로 올라가야만
공기 마실 수 있다고 야단법석일 미래
숨통 조일 미래 우리가 만들지 않았어요
모두 타인이 만들었지요.’

죽비로 뒤통수를 한 대 얻어맞은 기분이다.

요즘 정치판에서도 '내로남불'이란 말이 유행어처럼 쓰이고 있다.

환경을 오염시키는 것은 모두 남들이 하는 일이고 자신은 아무 상관 없다는 듯한 인간의 등짝을, 죽비로 내리치며 소리없는 고함을 치고 있다.

이옥 시인이 세상을 보는 눈은 아주 크고 높다. 개인적인 눈에서 시를 쓰는 것이 아니라 인류 전체에 대해 고민하고 성찰하고 쓰는 통 큰 시다.

이 시편들이 양떼울음처럼 허공으로 날아가 전세계에 울려퍼지면 시인이 바라는 양떼울음 한가로이 뛰어노는 푸른지구가 되지 않을까?

숲 발전소 외 2편

안 태 희

유모차 지팡이 차들 쿨럭거리는 소리
새들의 날갯짓 물고기 헤엄 동물들 포효도
들리지 않는 지점에서 흙비만 내린다

발전소가 멈추었다
비바람 수증기를 만들어내는 숲발전소 주식회사
살아있는 것들의 숨을 만들던
주식회사 숲발전소는 지구에서 가장 의로운 회사
그 회사가 부도를 맞았다
숲발전소에 빌붙어 먹고 살던 생명체들
아무도 회사를 살릴 생각 않는다
거래처인 콩고숲도 부도위기를 맞고
숨을 할딱인다
연이은 거래처인 숲들 모두 하나 둘 망하고
회사가 도산위기에 처하자
전 인류의 목숨도 위험에 처했다

모래 온도는
거북의 성별을 장난질친다
부도는 바람을 부채질하고

열 오른 태양
후후후 푸푸푸 펄펄 지구를 끓인다

파리 오줌 같은 사슬에 걸려
한반도로 밀려온 밍크고래 생이 다 부서지고 깨졌다

살아있는 모든 생명체의 숨통을 끊어라
自然이 自然으로 무릎 꿇는 날 우리 지구별은 사라질 것이다

밍크고래 마지막 말이 쓸쓸 망망대해를 출렁이는
서천 하늘이 붉다

제비의 눈물

결국 부화에 실패했다

21일간 동글동글 온도를 굴렸으나
새끼는 껍질밖으로 나오지 않았다
마당을 가로지르는 빨랫줄이
툭, 목을 끊는다

수컷 고환과 암컷 난소에
다량의 살충제가 스며있었다

참담함에 제비는 꽁지를
아이의 뒷머리에 붙여두고
어디론가 날아가 버렸다
흥부놀부도 따라 사라졌다

지지배배 머스매매
고무줄 놀이하던 지지배 머스매도
어디론가 훌쩍 날아가고
텅빈 집 한 채 바람이 드나들며
삶을 소진하고 있다

>

물 찬 제비, 젖은 턱시도 하얀 말
흙벽에 새긴 오돌토돌 글자들
양식 처마 밑 거부당하고
시장골목 천막 철주기둥에 가족목숨 걸었다

비비비 비 새고 지친 삶 펄펄 날아내리는 곳
잃어버린 계절 지지지지 울고
3월 3진날 입주란 전설이 되고
철철 흐르던 인정 말라가고
바람도 어질어질 길 잃는
지구 아수라장이야 그렇지?

코끼리 1

영혼 빠져나간 코끼리 사체
인간 허영심에 이용되는 이빨
보츠나와에 밀집된 코끼리
밀렵꾼들이 득실거린다

총소리에 놀라 도망가는 코끼리
밀렵꾼은 잔혹사를 기록하고 있다

산채로 척추 잘리고
살아있는 코끼리 머리 전기톱으로 잘린다
새파란 낮달 전기톱소리에 진저리 친다

이빨뿌리까지 뽑기위한 밀렵꾼의 이용가치 채취되면
사체는 독수리들 먹이가 된다

거대한 코끼리 주검에 몰려드는 독수리
자신들 죄 아는지
위치 추적이 두려운 밀렵꾼은 잔인한 이중 살생을 계획한다
코끼리 피부 잘라 껍질 벗겨내고
구덩일 파고 독 넣는다

>

코끼리 시체속 독 먹은 독수리들 죽어가고
완전범죄 끝나면 주검을 덤불로 덮는다
헬기도 찾아내지 못할 완전 범죄 덤불로 덮고
아무렇지도 않게
유유히
손에 묻은 코끼리와 독수리 피 투구투구 뿜어내며
자신의 보금자리로 돌아가는 꾼꾼꾼, 살생꾼
팔열한지옥八熱寒地獄에서 육도윤회六道輪回 거치게 될 천벌

시감상 | 이서빈

지금, 우리 인류에게 가장 다급한 일이 무엇인가?

두 말할 필요도 없이 환경이다. 안태희 시인은 그 다급함을 외치고 있다.

꽃잎들이 화르르 화르르 날아내리는 봄날에 벚꽃나무 밑을 걷는 '유모차 지팡이 차들 쿨럭거리는 소리' 어린이도 노인도 차들도 모두 쿨럭거리는 소리에 서로가 서로를 경계하게 만든다.

이 아름다운 봄 한 채가 기침소리에 무너지는 듯하다.

그 뿐 아니라, 한 걸음 더 나아가서

'새들의 날갯짓 물고기 헤엄 동물들 포효도
들리지 않는 지점에서 흙비만 내린다.'

새 날갯짓도 물고기 헤엄도 동물 포효도 들리지 않는 적막한 지구에 흙비만 내린다니, 새, 물고기, 동물울음소리까지 멈춘 지구를 생각해 보았는가?

생각만 해도 아찔하다. 시인은 거기서 그치지 않고 더욱 겁을 준다.

'비바람 수증기를 만들어내는 숲 발전소가 멈추었'다니 그말은 곧 인간도 살 수 없단 말인가?

시인은 내친김에 가파른 절벽을 올라가는 심정으로

'자연이 무릎 꿇는 날 우리 지구별은 사라질 것이다'라고 단정

한다.

너무나 당연한 말을 우리는 남의 일인 것처럼 생각하니 시인의 가슴은 서천 하늘보다 붉게 타들어간다고 하소연하고 있다.

시인의 정신이 위대하다 못해 숭고하다.

시인은「제비의 눈물」에서도 '결국 부화에 실패했다.'고 말한다.

'수컷 고환과 암컷 난소에
다량의 살충제가 스며있었다'

이 얼마나 쓸쓸한 말인가?

쓸쓸하다 못해 참담함을 잘 그려내고 있다.

흥부놀부도 고무줄 놀이하던 지지배 머스매도 어디론가 날아갔단 말은 더 이상 동화책을 읽을 어린이도 고무줄 놀이하던 지지배 머스매도 없다는 말.

그것은 인구 멸종의 경종을 울리는 말이 아닌가?

'철철 흐르던 인정 말라가고
바람도 어질어질 길 잃는
지구 아수라장이야 그렇지?'

라고 제비의 눈물을 보며 말하고 있다.

「코끼리 1」은 인간의 잔인성을 그대로 보여주는 시다.

'영혼 빠져나간 코끼리 사체
인간 허영심에 이용 되는 이빨
산채로 척추 잘리고

살아있는 코끼리 머리 전기톱으로 잘린다
새파란 낮달 전기톱소리에 진저리 친다
코끼리 시체속 독 먹은 독수리들 죽어가고
완전범죄 끝나면 주검을 덤불로 덮는다
헬기도 찾아내지 못할 완전 범죄 덤불로 덮고
아무렇지도 않게
유유히
손에 묻은 코끼리와 독수리 피 투구투구 뿜어내며
자신의 보금자리로 돌아가는 꾼꾼꾼, 살생꾼
팔열한지옥八熱寒地獄에서 육도윤회六道輪回거치게 될 천벌'

이 엄청나게 무서운 팔열지옥에서 육도윤회를 거치게 될 천벌이라고 한다.

팔열지옥이란 불교에서 말하는 뜨거운 열로 고통을 받아 죽었다가 찬바람이 불어 살아나면 다시 뜨거운 고통을 받는 등활지옥等活地獄, 뜨거운 쇠사슬로 몸과 팔다리를 묶어 놓고 큰 톱으로 자르는 흑승지옥黑繩地獄, 여러 가지 고통의 요건들이 한꺼번에 들이닥쳐 몸을 괴롭히는 중합지옥衆合地獄, 고통을 못 견디어 원망과 슬픈 고함이 절로 나오는 규환지옥叫喚地獄, 지독한 고통에 못 견디어 절규하며 통곡을 터뜨리게 되는 대규환지옥大叫喚地獄, 뜨거운 불길에 둘러싸여서 그 뜨거움을 견디기 어려운 초열지옥焦熱地獄, 뜨거운 고통이 초열지옥보다 더욱 심한 대초열지옥大焦熱地獄, 계속 고통을 받는 아비지옥阿鼻地獄 또는 무간지옥無間地獄을 말한다.

이 무시무시한 지옥에 떨어지지 않으려면 당장 인간의 욕심 때문에 살아있는 코끼리의 척추를 자르고, 머리를 전기톱으로 자르는 잔인함을 멈추어야 할 것이다.

시인이 휘두르는 날카로운 붓날에 치명상을 입고 지옥에 떨어지기 전에.

문학은 그 시대의 산물이다.

이 시대의 환경과 삶이 주는 가치관의 변화를 시인은 자연의 몸에서 태어난 인간이 동물들이 누릴 기본적 생존권마저 잔인하게 빼앗아 자신들의 이기적 욕망을 채우는 인간들을 보면서 최소한의 생존권을 보장 받으려는 프롤레타리아 해방을 위한 계급운동처럼 지금 지구 상황을 배경으로 삼은 시를 낳았다.

지금은 수상한 시절이다.

계절도 꽃들도 질서를 잃었다.

기후 변화 탓이다.

작금의 펜데믹은 성장지상주의와 배금주의가 초래한 인재人災이다.

모든 것들의 기본 질서가 흔들리는 재난 시대에 전세계인들이 눈여겨 봐야할 시라는 생각이 든다. 그래야 푸르고 싱싱한 세상을 기대할 수 있지 않을까?

남과 다른 시 쓰기 동인

『함께, 울컥』은 '남과 다른 시 쓰기 동인'들이 《영주신문》에 '환경시 특집'으로 발표한 '환경시집'이며, 이서빈, 이진진, 글보라, 김정오, 장정희, 정구민, 최이근, 고윤옥, 권택용, 우재호, 이정화, 글빛나, 김일순, 이옥, 안태회 등, 열다섯 명이 그 회원들이라고 할 수가 있다.

열다섯 명의 시인들이 앓고 있는 지구의 말을 번역한 것이고, 지구의 신음을 찍어 한 자, 한 자 시집으로 엮어낸 것이다. 지구는 한 번도 인간을 헤친 적 없고, 인간은 한 번도 지구를 떠나서 산 적 없다. "동물의 숨소리 식물의 숨소리가/ 봄을 뚫고 튀어나와/ 싱싱해 지는 그날까지/ 우리는/ 생태계를 새파랗게 키워낼 것이다."

이메일 주소: happyjy8901@hanmail.net

남과 다른 시 쓰기 동인
함께, 울컥

발　　행　2022년 10월 10일
지 은 이　이서빈 외
펴 낸 이　반송림
편집디자인　반송림
펴 낸 곳　도서출판 지혜
주　　소　34624 대전광역시 동구 태전로 57, 2층 도서출판 지혜 (삼성동)
전　　화　042-625-1140
팩　　스　042-627-1140
전자우편　ejisarang@hanmail.net
애지카페　cafe.daum.net/ejiliterature

ISBN : 979-11-5728-486-3　03810
값 11,000원